Minutos
DE ESTUDIO BÍBLICO

PROGRAMA DE
ESTUDIO
EN 6 SEMANAS

¿CÓMO

LIBERARTE DE

LOS TEMORES?

**MINISTERIOS
PRECEPTO
INTERNACIONAL**

KAY ARTHUR

¿Cómo Liberarte de los Temores?
Publicado en inglés por WaterBrook Press
12265 Oracle Boulevard, Suite 200
Colorado Springs, Colorado 80921
Una división de Random House Inc.

Todas las citas bíblicas han sido tomadas de la Nueva Biblia Latinoamericana de Hoy;
© Copyright 2005
Por la Fundación Lockman.
Usadas con permiso (www.lockman.org).

ISBN 978-1-62119-207-7

Copyright © 2014 por Ministerios Precepto Internacional

Todos los derechos son reservados. Ninguna parte de esta publicación puede reproducirse, traducirse, ni transmitirse por ningún medio electrónico o mecánico que incluya fotocopias, grabaciones o cualquier tipo de recuperación y almacenamiento de información sin permiso escrito del editor.

Precepto, Ministerios Precepto Internacional, Ministerios Precepto Internacional Especialistas en el Método de Estudio Inductivo, la Plomada, Precepto Sobre Precepto, Dentro y Fuera, ¡Más Dulce que el Chocolate! Galletas en el Estante de Abajo, Preceptos para la Vida, Preceptos de la Palabra de Dios y Ministerio Juvenil Transform son marcas registradas de Ministerios Precepto Internacional

2014 – Edición Estados Unidos

CONTENIDO

Cómo usar este estudio v

Introducción: ¿Cómo Liberarte de los Temores? 1

Primera Semana: ¿Por qué nos atemorizamos? 3

Segunda Semana: ¿Es Dios digno de confianza? 11

Tercera Semana: El temor del Señor 21

Cuarta Semana: Venciendo el temor del hombre 35

Quinta Semana: Conquistando el temor a la muerte 61

Sexta Semana: Viviendo sin temor 81

CÓMO USAR ESTE ESTUDIO

Este estudio bíblico ha sido diseñado para grupos pequeños que están interesados en conocer la Biblia, pero que disponen de poco tiempo para reunirse. Por ejemplo, es ideal para grupos que se reúnen a la hora de almuerzo en el trabajo, para estudios bíblicos de hombres, para grupos de estudio de damas, para clases pequeñas de Escuela Dominical, o incluso para devocionales familiares. También, es ideal para grupos que se reúnen durante períodos más largos – como por las noches o los sábados por la mañana – pero que sólo quieren dedicar una parte de su tiempo al estudio bíblico, reservando el resto del tiempo para la oración, comunión y otras actividades.

Este libro está diseñado de tal forma que el grupo tendrá que realizar la tarea de cada lección al mismo tiempo que se realiza el estudio. El discutir las observaciones a partir de lo que Dios dice acerca del tema revela verdades emocionantes e impactantes.

Aunque es un estudio grupal, se necesitará un facilitador para dirigir al grupo – alguien que permita que la discusión se mantenga activa. La función de esta persona no es la de conferencista o maestro. No obstante, cuando este libro se usa en una clase de Escuela Dominical, o en una reunión similar, el maestro debe sentirse en libertad de dirigir el estudio de forma más abierta, dando otras observaciones además de las que se encuentran en la lección semanal.

Si eres el facilitador del grupo, el líder, a continuación encontrarás algunas recomendaciones para hacer más fácil tu trabajo:

- Antes de dirigir al grupo, revisa toda la lección y marca el texto. Esto te familiarizará con el contenido y te capacitará para ayudar al grupo con mayor facilidad. Te será más cómodo dirigir al grupo siguiendo las instrucciones de cómo marcar, si tú como líder escoges un color específico para cada símbolo que marques.

- Al dirigir el grupo, comienza por el inicio del texto y lee en voz alta siguiendo el orden que aparece en la lección, incluyendo los "cuadros de aclaración" que pueden aparecer. Trabajen la lección juntos, observando y discutiendo lo que aprenden. Al leer los versículos bíblicos, haz que el grupo diga en voz alta la palabra que se está marcando en el texto.
- Las preguntas de discusión sirven para ayudarte a cubrir toda la lección. A medida que la clase participe en la discusión, muchas veces te darás cuenta de que ellos responderán a las preguntas por sí mismos. Ten presente que las preguntas de discusión son para guiar al grupo en el tema, no para suprimir la discusión.
- Recuerda lo importante que es para la gente el expresar sus respuestas y descubrimientos. Esto fortalece grandemente su entendimiento personal de la lección semanal. Asegúrate de que todos tengan oportunidad de contribuir en la discusión semanal.
- Mantén la discusión activa. Esto puede significar el pasar más tiempo en algunas partes del estudio que en otras. De ser necesario, siéntete en libertad de desarrollar una lección en más de una sesión. Sin embargo, recuerda que no debes ir a un ritmo muy lento. Es mejor que cada uno sienta que contribuye a la discusión semanal, "que deseen más", a que se retiren por falta de interés.
- Si las respuestas del grupo no te parecen adecuadas, puedes recordarles cortésmente, que deben mantenerse enfocados en la verdad de las Escrituras. La meta es aprender lo que la Biblia dice, no adaptarse a filosofías humanas. Sujétate únicamente a las Escrituras y permite que Dios te hable. ¡Su Palabra es verdad (Juan 17:17)!

¿CÓMO LIBERARTE DE LOS TEMORES?

La vida está llena de todo tipo de temores, ¿no es así? Miedo al terrorismo y a los desastres naturales. Temor acerca de la economía, la seguridad de los seres queridos, o un diagnóstico aterrador. Miedo a perder el trabajo, la casa, una relación sentimental, nuestros ahorros, nuestros sueños, nuestra independencia, nuestra salud, nuestras vidas. Podemos encontrar muchísimas razones para estar temerosos.

Y en estos días de noticias instantáneas, parecería que continuamente escuchamos acerca de los últimos desastres, calamidades y tragedias que afligen a nuestro mundo – un mundo que parece estar encogiéndose, trayendo todo evento peligroso más y más cerca de nosotros.

¿Cómo nos liberamos del yugo del temor y del estrés que lo acompaña, y que desgasta nuestras vidas física, emocional y mentalmente? En este estudio descubrirás la respuesta – una respuesta que te permitirá caminar en fe y libertad, sin importar las circunstancias que aparezcan en tu vida.

Dios nos ha prometido que no tendremos ninguna prueba que no podamos soportar (1 Corintios 10:13). Por lo tanto, Él tiene la salida – y cuando veas esto por ti mismo y en fe ordenas tu vida de acuerdo a ello, serás capaz de liberarte de la esclavitud del temor.

Al comenzar este estudio, tómate un momento para decirle a Dios que estás listo para escuchar lo que Él dice y para pedirle que te hable a través de Su Palabra, la Biblia.

PRIMERA SEMANA

El temor puede paralizar y confundir, causando desastres en nuestro cuerpo y mente. Cuando llegue, lo mejor que puedes hacer es plantear la pregunta que Jesús hizo a Sus discípulos: "¿Por qué están atemorizados?" Y esta pregunta también es un buen punto para comenzar nuestro estudio.

OBSERVA

Veamos la ocasión que motivó esa pregunta. Utilizando el evangelio de Lucas como nuestra línea cronológica, podemos saber que este evento sucedió cerca del fin del segundo año de ministerio público de Jesús. Para aquel tiempo, los discípulos de Jesús ya lo habían visto hacer todo tipo de milagros, desde sanar enfermos hasta levantar muertos y dar de comer a una multitud con unos cuantos panes y peces.

Líder: Lee Marcos 4:35-41 en voz alta. Pide al grupo que diga en voz alta y...
- *Subraye todas las referencias a **los discípulos**, indicadas en este pasaje con los pronombres **les**, **ellos**, **unos a otros**.*
- *Dibuje una cruz como ésta ✝ sobre todas las referencias a **Jesús**, indicadas en este pasaje con los pronombres **Lo**, **Él**, **Le**, **Te** y **Este**.*
- *Dibuje un círculo irregular alrededor de **atemorizados**, así:*

Marcos 4:35-41

³⁵ Ese mismo día, caída ya la tarde, Jesús les dijo: "Pasemos al otro lado."

³⁶ Despidiendo a la multitud, Lo llevaron con ellos en la barca, como estaba; y había otras barcas con Él.

4 | ¿Cómo Liberarte de los Temores?

⁳⁷ Pero se levantó una violenta tempestad, y las olas se lanzaban sobre la barca de tal manera que ya la barca se llenaba de agua.

³⁸ Jesús estaba en la popa, durmiendo sobre una almohadilla; entonces Lo despertaron y Le dijeron: "Maestro, ¿no Te importa que perezcamos?"

³⁹ Jesús se levantó, reprendió al viento y dijo al mar: "¡Cálmate (Calla), sosiégate (enmudece)!" Y el viento cesó, y sobrevino una gran calma.

⁴⁰ Entonces les dijo: "¿Por qué están atemorizados? ¿Cómo no tienen fe?"

Al leer el texto, es útil pedir al grupo que diga las palabras clave en voz alta a medida que las marcan. De esta manera todos estarán seguros de que están marcando cada vez que aparece la palabra; incluyendo cualquier palabra o frase sinónima. Haz esto a través del estudio.

DISCUTE

- ¿Qué estaban experimentando los discípulos? ¿Qué pensaron que les sucedería?

- ¿Dónde estaba Jesús y qué hizo? Describe lo que sucedió.

- De acuerdo a lo que acabas de leer, ¿describirías como normal la reacción demostrada por los discípulos – una respuesta natural dadas las circunstancias? Explica tu respuesta.

- ¿Qué quiso decir Jesús cuando le preguntó a los discípulos, *"¿Por qué están atemorizados? ¿Cómo no tienen fe?"*?

- ¿Cómo debieron haber respondido en esta crisis y por qué?

- ¿Qué aprendiste al marcar *atemorizados* y *temor*? O en otras palabras, ¿por qué los discípulos "se llenaron de gran temor" en el versículo 41?

- ¿Cuál debería ser el mayor temor: el temor a la tormenta en la cual podríamos perecer o el temor de Aquel que tiene autoridad sobre la tormenta? ¿Por qué?

- Ahora, ¿cuáles son algunos de los temores que enfrentas tú u otros cristianos que conoces?

- De lo que acabas de leer, ¿cuál es la respuesta apropiada a esos temores?

[41] Y se llenaron de gran temor, y se decían unos a otros: "¿Quién, pues, es Este que aun el viento y el mar Le obedecen?"

6 ¿Cómo Liberarte de los Temores?

Mateo 14:24-33

²⁴ Pero la barca ya estaba muy lejos de tierra, y era azotada por las olas, porque el viento era contrario.

²⁵ A la cuarta vigilia de la noche (3 a 6 a.m.), Jesús vino a ellos andando sobre el mar.

²⁶ Y los discípulos, al ver a Jesús andar sobre el mar, se turbaron, y decían: "¡Es un fantasma!" Y de miedo, se pusieron a gritar.

²⁷ Pero enseguida Jesús les dijo: "Tengan ánimo, soy Yo; no teman."

²⁸ Y Pedro Le respondió: "Señor, si eres Tú, mándame que vaya a Ti sobre las aguas."

OBSERVA

Echemos un vistazo a otra dura noche en el Mar de Galilea y veamos lo que podemos aprender acerca del *por qué* de nuestro temor. Jesús había enviado en un bote a Sus discípulos mientras Él fue solo a la montaña cerca del mar para orar.

Líder: Lee Mateo 14:24-33 en voz alta y pide al grupo que...
- *Dibuje una cruz sobre cada referencia a **Jesús**, incluyendo sinónimos y pronombres.*
- *Subraye las referencias a **Pedro**, incluyendo pronombres.*
- *Dibuje un círculo irregular alrededor de cualquier referencia al **temor** como **se turbaron** y **miedo**.*

DISCUTE

- Describe la situación en general.

- Buscando cada lugar en el que marcaste una referencia al temor, discute ese miedo, su causa y lo que aprendiste de él.

Primera Semana

- ¿Qué sucedió con Pedro y Jesús?

- ¿Qué se puede aprender de la manera en que Pedro manejó su temor?

- Observa los lugares donde marcaste las referencias a Jesús. ¿Qué aprendiste acerca de Jesús que te pueda ayudar cuando tengas temor, cuando tengas miedo o estés aterrado? ¿Qué hizo y dijo Jesús? ¿Cómo lidió con Pedro?

- ¿Qué crees que significa "tengan ánimo" (versículo 27)? ¿Cómo se ve esto en la vida de una persona?

[29] "Ven," le dijo Jesús. Y descendiendo Pedro de la barca, caminó sobre las aguas, y fue hacia Jesús.

[30] Pero viendo la fuerza del viento tuvo miedo, y empezando a hundirse gritó: "¡Señor, sálvame!"

[31] Al instante Jesús, extendiendo la mano, lo sostuvo y le dijo: "Hombre de poca fe, ¿por qué dudaste?"

[32] Cuando ellos subieron a la barca, el viento se calmó.

[33] Entonces los que estaban en la barca Lo adoraron, diciendo: "En verdad eres Hijo de Dios."

8 ¿Cómo Liberarte de los Temores?

Salmos 56:1-4, 8-13

¹ Ten piedad de mí, oh Dios, porque el hombre me ha pisoteado; me oprime combatiéndome todo el día.

² Mis enemigos me han pisoteado todo el día, porque muchos son los que con soberbia pelean contra mí.

³ El día en que temo, yo en Ti confío.

⁴ En Dios, cuya palabra alabo, en Dios he confiado, no temeré. ¿Qué puede hacerme el hombre?

⁸ Tú has tomado en cuenta mi vida errante; pon mis lágrimas en Tu frasco; ¿Acaso no están en Tu libro?

OBSERVA

La vida no fue fácil para David, el hombre ungido por Samuel como el siguiente rey de Israel. Mientras intentaba escapar del celoso rey Saúl, quien quería matarlo, David fue atrapado por los filisteos en Gat. David escribió el Salmo 56 durante esa difícil situación. Veamos qué podemos aprender de sus palabras.

Líder: Lee Salmos 56:1-4, 8-13 y pide al grupo que...
- *Subraye cada referencia a **David**, cada **mí**, **me**, **mis**, **yo**, **mío**.*
- *Marque cada referencia a **Dios**, incluyendo pronombres, con un triángulo:* △
- *Dibuje un círculo irregular alrededor de cada referencia a **tener temor**.*

DISCUTE
- Primero discute únicamente la situación de David. Obtén los hechos: ¿Con qué estaba lidiando David? ¿Cómo se sentía? No pierdas ningún aspecto de esta situación.

- Ahora, ¿cómo enfrentó David estas circunstancias? (Recuerda que David sabía que Dios lo había ungido para ser el próximo rey). ¿Qué razonamiento, qué pensamientos moldearon su respuesta?

- ¿Qué aprendiste de David que podrías utilizar en tiempos de temor? Sé muy específico.

- ¿Qué sabía David acerca de Dios?

- ¿Qué rol, o parte, tuvo la Palabra de Dios en esta situación?

- ¿Conoces lo que David sabía acerca de Dios? ¿O hay aspectos de lo que David escribió, de los cuales no estás tan seguro? Discútelos como grupo.

- Así que para resumir, ¿qué has aprendido que te pueda ayudar personalmente cuando estás temeroso, con miedo?

[9] Entonces mis enemigos retrocederán el día en que yo Te invoque. Esto sé: que Dios está a favor mío.

[10] En Dios, cuya palabra alabo, en el Señor, cuya palabra honro;

[11] En Dios he confiado, no temeré. ¿Qué puede hacerme el hombre?

[12] Están sobre mí, oh Dios, los votos que Te hice; Ofrendas de acción de gracias Te ofreceré.

[13] Pues Tú has librado mi alma de la muerte, y mis pies de tropiezo, para que yo pueda andar delante de Dios en la luz de la vida.

FINALIZANDO

Cuando enfrentamos situaciones que amenazan nuestra vida, el temor es algo natural. Vivimos en un cuerpo de carne, el cual procura evitar todo tipo de dolor; que tiene miedo a la muerte. Sin embargo, en cada una de las situaciones que estudiamos esta semana, pudimos ver que no se debe dar rienda suelta al temor ni entretenernos en él. Más bien, el temor debe ser domado – controlado por la fe. Para los discípulos, el temor fue puesto bajo control al recordar que Jesús estaba ahí—en el mismo bote o caminando sobre el agua. Él estaba en control de la tormenta y calmando las olas. Él les recordó a Sus discípulos la decisión que tenían que tomar entre el temor y la fe. Que la fe conquista el temor.

Luego vimos a David, un hombre que confesó que estaba siendo oprimido, pisoteado, en llanto—temeroso. Sin embargo, registró para la posteridad que "El día en que temo, yo en Ti confío" (Salmos 56:3). El futuro rey no minimizó su situación ni negó sus sentimientos; más bien describió cómo venció la esclavitud del temor: David puso su confianza en Dios. Al hacerlo él declaró, "no temeré" (versículo 11). El hombre es simplemente un hombre, mientras que Dios es Dios – y "Dios está a favor mío" (versículo 9). Sus palabras de confianza son posteriormente repetidas en las palabras divinamente inspiradas de Pablo en Romanos 8:31: "Si Dios es por nosotros, ¿quién contra nosotros?"

Así que cuando el temor llegue, pregúntate: "¿Por qué estoy temeroso?"

Luego decide si continuarás en temor o en fe.

SEGUNDA SEMANA

El temor puede ser causado por las circunstancias, por las cosas que vemos, o por palabras que escuchamos. El temor tiene su raíz en lo que creemos; es un estado mental que puede desgastar nuestros cuerpos y espíritus.

¿Recuerdas lo que escribió David en el Salmo 56:3? "El día en que temo, yo en Ti confío". ¿Recuerdas lo que dijo Jesús en medio de la tormenta? "¿Por qué están atemorizados? ¿Cómo no tienen fe?" (Marcos 4:40). En ambas ocasiones, cuando el temor llegó debió haber sido reemplazado por la confianza en el Señor, la fe.

¡Lo que parece increíble es que la libertad del temor viene a través del temor del Señor! Tal temor se demuestra por nuestra reverencia, respeto, asombro, seguridad y confianza. ¡Confía en quien Él es, en lo que Él dice y en lo que Él es capaz de hacer simplemente porque Él es Dios!

De eso se trata esta lección: averiguar más acerca de Dios y Sus intenciones hacia ti. Luego podrás decidir si tu vida será gobernada por las circunstancias o por el temor del Señor.

OBSERVA

Líder: *Lee Proverbios 29:25 en voz alta. Pide al grupo que diga en voz alta y...*

- *Dibuje un círculo irregular alrededor de* **temor**.
- *Marque* **confía** *con una* **C**.

Proverbios 29:25

El temor al hombre es un lazo, pero el que confía en el Señor estará seguro.

DISCUTE

- ¿Qué estados mentales se contrastan en este versículo? ¿Cuál es el resultado de cada uno?

> ### ACLARACIÓN
>
> La palabra hebrea traducida como *confía* en este versículo expresa un sentido de bienestar y seguridad que resulta de tener algo o alguien en quien depositar la confianza.
>
> *Seguro* lleva la idea de ser llevado en brazos y, por lo tanto, estar seguro.

- De lo que observaste en el texto, ¿pueden coexistir el temor al hombre y la confianza en el Señor? ¿O son estos estados mentales mutuamente excluyentes? Explica tu respuesta.

OBSERVA

Si vas a confiar en el Señor, entonces tienes que conocer—cómo es Él, lo que es capaz de hacer, el poder que tiene, la extensión de Su dominio y cuáles son Sus intenciones hacia ti como individuo.

Si bien el tiempo y el espacio no permiten una búsqueda completa en la Palabra de Dios, veamos algunos versículos clave que te darán un mejor entendimiento de quién es Él.

Líder: Lee en voz alta Salmos 103:19; 89:14; Isaías 14:24, 27; 45:5-7; y Jeremías 33:2-3; 32:26-27.

- *Pide al grupo que diga en voz alta y marque todas las referencias al **Señor**, incluyendo pronombres, con un triángulo.*

DISCUTE

- Observando los pasajes uno por uno, discute lo que aprendes acerca del Señor y cómo te hubiera ayudado este conocimiento de Dios en situaciones específicas que te trajeron temor.

Salmos 103:19
El Señor ha establecido Su trono en los cielos, y Su reino domina sobre todo.

Salmos 89:14
La justicia y el derecho son el fundamento de Tu trono; la misericordia y la verdad van delante de Ti.

Isaías 14:24, 27
^{24} El Señor de los ejércitos ha jurado: "Ciertamente, tal como lo había pensado, así ha sucedido; tal como lo había planeado, así se cumplirá:

^{27} Si el Señor de los ejércitos lo ha determinado, ¿quién puede frustrarlo? Y en cuanto a Su mano extendida, ¿quién podrá apartarla?"

¿Cómo Liberarte de los Temores?

Isaías 45:5-7

⁵ Yo soy el Señor, y no hay ningún otro; fuera de Mí no hay Dios. Yo te fortaleceré, aunque no Me has conocido,

⁶ Para que se sepa que desde el nacimiento del sol hasta donde se pone, no hay ninguno fuera de Mí. Yo soy el Señor, y no hay otro.

⁷ Yo soy el que forma la luz y crea las tinieblas, el que causa bienestar y crea calamidades, yo, el Señor, es el que hace todo esto.

Jeremías 33:2-3

² "Así dice el Señor que hizo la tierra, el Señor que la formó para establecerla; el Señor es Su nombre:

- ¿Cómo las verdades del Salmo 103:19 y Salmo 89:14 te ayudan a entender lo que te dice Isaías 45:7 acerca del Señor?

- ¿Estás dispuesto a aceptar estas verdades? Aunque tal vez no las entiendas completamente, ¿crees que Dios tiene autoridad sobre cada circunstancia que enfrentes en la vida?

- Observa el Salmo 89:14 una vez más. ¿Cómo ejerce Dios Su poder? En otras palabras, ¿podemos confiar en Él? Explica tu respuesta.

³ 'Clama a Mí, y Yo te responderé y te revelaré cosas grandes e inaccesibles, que tú no conoces.'

Jeremías 32:26-27

²⁶ Entonces vino palabra del Señor a Jeremías:

²⁷ "Yo soy el Señor, el Dios de toda carne, ¿habrá algo imposible para Mí?"

OBSERVA

Ahora que hemos considerado brevemente el alcance del poder de Dios, enfoquémonos en Su relación contigo.

Líder: Lee en voz alta Salmos 139:13-17; Efesios 1:3-5; 2:8-10; y Salmos 138:8.
- *Pide al grupo que diga en voz alta y subraye **mis**, **me**, **mi**, **nuestro**, **nos**, **ustedes**, que se refiere a nosotros.*

Salmos 139:13-17

¹³ Porque Tú formaste mis entrañas; Me hiciste en el seno de mi madre.

¹⁴ Te daré gracias, porque asombrosa y maravillosamente he sido hecho; Maravillosas son Tus obras, y mi alma lo sabe muy bien.

¹⁵ No estaba oculto de Ti mi cuerpo, cuando en secreto fui formado, y entretejido en las profundidades de la tierra.

¹⁶ Tus ojos vieron mi embrión, y en Tu libro se escribieron todos los días que me fueron dados, cuando no existía ni uno solo de ellos.

¹⁷ ¡Cuán preciosos también son para mí, oh Dios, Tus pensamientos! ¡Cuán inmensa es la suma de ellos!

Efesios 1:3-5

³ Bendito sea el Dios y Padre de nuestro Señor Jesucristo, que nos ha bendecido con toda bendición espiritual en los lugares celestiales en Cristo.

DISCUTE

- Observa los pasajes uno por uno y discute lo que aprendes al marcar las palabras clave. A medida que lo haces, discute cómo puede ayudarte cada verdad a manejar el temor o a evitar volverte temeroso.

Segunda Semana 17

- De todo lo que has visto, ¿qué verdad acerca de Dios te ha tocado de manera especial?

[4] Porque Dios nos escogió en Cristo antes de la fundación del mundo, para que fuéramos santos y sin mancha delante de Él. En amor

[5] nos predestinó para adopción como hijos para sí mediante Jesucristo, conforme a la buena intención de Su voluntad.

Efesios 2:8-10

[8] Porque por gracia ustedes han sido salvados por medio de la fe, y esto no procede de ustedes, sino que es don de Dios;

[9] no por obras, para que nadie se gloríe.

[10] Porque somos hechura Suya, creados en Cristo Jesús para hacer buenas obras, las cuales Dios

Salmos 138:8

El Señor cumplirá Su Propósito En mí; Eterna, oh Señor, es Tu misericordia; No abandones las Obras de tus manos.

preparó de antemano para que anduviéramos en ellas.

1 Juan 4:9-10, 18

⁹ En esto se manifestó el amor de Dios en nosotros: en que Dios ha enviado a Su Hijo unigénito (único) al mundo para que vivamos por medio de Él.

¹⁰ En esto consiste el amor: no en que nosotros hayamos amado a Dios, sino en que Él nos amó a nosotros y envió a Su Hijo como propiciación por nuestros pecados.

OBSERVA

¿Te preguntas *"Y qué del amor de Dios"*? ¡Buena pregunta! Guardamos esta maravillosa observación para el final.

Líder: Lee 1 Juan 4:9-10, 18 en voz alta y pide al grupo que…
- *Dibuje un corazón sobre cada referencia al **amor**, como éste:* ♡
- *Dibuje un triángulo sobre cada referencia a **Dios**.*

Líder: Ahora lee el pasaje de nuevo. Esta vez pide al grupo que…
- *Subraye **nosotros**, **nos**, **nuestros**.*
- *Dibuje un círculo irregular alrededor de la palabra **temor**.*

DISCUTE

- ¿Qué aprendiste acerca de Dios y el amor en estos versículos?

ACLARACIÓN

La palabra *propiciación* significa "satisfacción, pago". Habla de saldar una deuda.

[18] En el amor no hay temor, sino que el perfecto amor echa fuera el temor, porque el temor involucra castigo, y el que teme no es hecho perfecto en el amor.

- ¿Qué aprendiste acerca de ti mismo, si eres un verdadero cristiano – una persona que ha recibido y que por lo tanto tiene a Jesucristo, el Hijo de Dios?

- ¿Qué aprendiste del temor?

- ¿Cómo modela tu visión de Dios lo que has visto en este pasaje? ¿Qué hay de tu perspectiva sobre el temor?

- Discute cualquier verdad en particular que hayas aprendido en esta lección que te ayude a confiar más en Dios, para que puedas vivir en el temor del Señor.

FINALIZANDO

Encontrarás que mientras más aprendas acerca de Dios y Sus caminos – especialmente del Antiguo Testamento, porque es ahí donde Dios revela Su carácter y Su poder – más podrás confiar en Él.

Cuando el apóstol Pablo escribió su última carta diciéndole a Timoteo de su muerte inminente y exhortándolo a guardar el tesoro de la Palabra de Dios, Pablo comenzó con este recordatorio: "Porque no nos ha dado Dios espíritu de cobardía, sino de poder, de amor y de dominio propio" (2 Timoteo 1:7).

Nuestro estudio esta semana ciertamente te ha hecho consciente del poder de Dios, de Su total dominio sobre lo bueno y sobre la adversidad. Ahora, une eso al conocimiento del gran amor con el que Él te ama. Tú eres un escogido de Dios. Tu vida tiene propósito. Fuiste creado para buenas obras – obras que el Dios Todopoderoso escogió para ti.

Conocer esto y las otras verdades que viste en esta corta lección debería aumentar considerablemente tu reverencia, respeto, confianza en el Creador de los cielos y la tierra; para que puedas decir con el profeta Jeremías, "Nada es imposible para Ti" (32:17). Saber esto es experimentar el temor del Señor – un temor que puede conquistar cualquier otro temor. El temor del Señor te da dominio propio al enfrentar el miedo.

En nuestra próxima lección veremos más de cerca el temor del Señor – el temor que te libera de todos los otros temores. ¡Será un estudio liberador!

TERCERA SEMANA

¿No sería fantástico el vivir libres del temor? ¿Ser librado de los temores que asaltan tu mente, acongojan tu alma y provocan ansiedad, estrés y dificultades físicas? ¿No ser perturbados por el temor al hombre, a la muerte, al día a día?

Tal vez estás pensando, *¡Eso es imposible!*

Bueno, según Dios esa libertad es verdaderamente posible—si aprendes a vivir en el temor del Señor. El temor del Señor somete todos los otros temores.

Entonces, ¿cómo se ve el temor del Señor – y cómo lo obtenemos? Es ahí donde empezaremos esta semana. Tenemos delante de nosotros cuatro reveladoras semanas de estudio acerca del temor del Señor y sobre cómo podemos vivir día a día, momento a momento en su poder liberador.

Querrás hacer del Salmo 119:38 tu oración para comenzar:

Confirma a Tu siervo Tu palabra,
Que inspira reverencia por Ti.

OBSERVA

Veamos algunos versículos que definen o describen el temor del Señor. Comenzaremos en Proverbios 1, el cual introduce el propósito de Proverbios y luego define el temor del Señor.

Proverbios 1:1-7

¹ Los proverbios de Salomón, hijo de David, rey de Israel:

² Para aprender sabiduría e instrucción, para discernir dichos profundos,

³ Para recibir instrucción en sabia conducta, justicia, juicio y equidad;

⁴ Para dar a los simples prudencia, y a los jóvenes conocimiento y discreción.

⁵ El sabio oirá y crecerá en conocimiento, y el inteligente adquirirá habilidad,

⁶ Para entender proverbio y metáfora, las palabras de los sabios y sus enigmas.

⁷ El temor del (La reverencia al) SEÑOR es el principio de la sabiduría; Los necios desprecian la sabiduría y la instrucción.

Líder: *Lee Proverbios 1:1-7; 8:12-14; y 9:10-11 en voz alta. Pide al grupo que diga en voz alta y...*

- *Marque **sabio** y **sabiduría** con una **S**.*
- *Subraye con una línea doble la palabra **conocimiento**.*
- *Dibuje un círculo irregular alrededor del **temor del Señor**:*

DISCUTE
- ¿Qué aprendiste acerca del propósito del libro de Proverbios?

- ¿Quién está hablando en cada uno de estos versículos?

- ¿Qué aprendiste acerca de la sabiduría?

- ¿Qué aprendiste acerca del conocimiento?

- ¿Qué aprendiste acerca del temor del Señor?

ACLARACIÓN

Al menos quince diferentes palabras hebreas se traducen como *temor* en el Antiguo Testamento. Pueden referirse a todo tipo de temores comunes al hombre o al temor del Señor. El contexto en el que cada palabra es utilizada determina cómo es traducida.

El temor del Señor indica respeto, reverencia, confianza, obediencia. Es reconocer lo que Dios dice acerca de Sí mismo y Su autoridad, lo que nos motiva a responder de acuerdo a eso y a buscar conocimiento y sabiduría.

En el Nuevo Testamento las palabras griegas básicas traducidas como *temor* pueden tener también un cierto rango de significados. Como en el Antiguo Testamento, *el temor del Señor* lleva la idea de respeto y asombro.

- ¿Qué te dice Proverbios 1:7 acerca del temor del Señor?

Proverbios 8:12-14

[12] Yo, la sabiduría, habito con la prudencia, y he hallado conocimiento y discreción.

[13] El temor del Señor es aborrecer el mal. El orgullo, la arrogancia, el mal camino y la boca perversa, yo aborrezco.

[14] Mío es el consejo y la prudencia, yo soy la inteligencia, el poder es mío.

Proverbios 9:10-11

[10] El principio de la sabiduría es el temor del Señor, y el conocimiento del Santo es inteligencia.

[11] Pues por mí se multiplicarán tus días, y años de vida te serán añadidos.

- ¿Qué tan importante es el conocimiento y la sabiduría, y por qué?

> **ACLARACIÓN**
>
> Proverbios nos dice que el comienzo, el punto de partida, del conocimiento y la sabiduría es el temor del Señor.
>
> *Conocimiento* "expresa una multitud de niveles de conocimiento obtenidos por los sentidos".* El conocimiento nos informa, nos da observaciones sobre las que podemos actuar.
>
> *Sabiduría* describe nuestra manera de abordar la vida. Existe la sabiduría del hombre, del mundo, y la de Dios (1 Corintios 1:19-21). La sabiduría de Dios nos lleva a vivir de acuerdo al correcto conocimiento de Dios. En 1 Corintios 1:30 Dios nos dice que Jesucristo "se hizo para nosotros sabiduría de Dios".
>
> Pablo oró para que Dios le diera a los creyentes efesios "un espíritu de sabiduría y de revelación en el conocimiento de Él" (Efesios 1:17).

---

* R. Laird Harris, Gleason L. , Archer Jr. y Bruce K. Waltke, eds., Libro de Trabajo Teológico del Antiguo Testamento, 2 volumenes. (Chicago, Moody, 1980), 1:366

Tercera Semana

OBSERVA

Al comienzo del libro de los Proverbios, Salomón describe lo que le sucede a aquellos que no desean la sabiduría de Dios.

Líder: Lee Proverbios 1:23-31 en voz alta y pide al grupo que diga en voz alta y...

- Subraye **ustedes**, **les**, **su**, **sus**.
- Marque *mi*, *mis*, *mío*, y *me*, que en este pasaje se refieren a la **sabiduría**, con una **S**.
- Dibuje un círculo alrededor del **temor del Señor**.

DISCUTE

- ¿Qué aprendiste al marcar *ustedes*, *les*, *su* y *sus*?

- ¿Cómo se relaciona todo esto con el temor del Señor? ¿Cómo te ayuda a definir el temor del Señor?

Proverbios 1:23-31

²³ Vuélvanse a mi reprensión, y derramaré mi espíritu sobre ustedes; Les haré conocer mis palabras.

²⁴ Porque he llamado y han rehusado oír, He extendido mi mano y nadie ha hecho caso.

²⁵ Han desatendido todo consejo mío Y no han deseado mi reprensión.

²⁶ También yo me reiré de la calamidad de ustedes, Me burlaré cuando sobrevenga lo que temen,

²⁷ Cuando venga como tormenta lo que temen y su calamidad sobrevenga como torbellino, cuando

vengan sobre ustedes tribulación y angustia.

²⁸ Entonces me invocarán, pero no responderé; Me buscarán con diligencia, pero no me hallarán,

²⁹ Porque odiaron el conocimiento, y no escogieron el temor del Señor,

³⁰ Ni quisieron aceptar mi consejo, y despreciaron toda mi represión.

³¹ Comerán del fruto de su conducta, y de sus propias artimañas se hartarán.

- Cuando piensas en lo que estos versículos nos dicen, ¿cómo te impacta? ¿Qué sentimientos despierta en ti? ¿Qué acción podría resultar de estas verdades?

- ¿Hubo un tiempo en que esto te describía a ti o alguien a quien conoces? Si es así, ¿cuáles fueron las consecuencias?

OBSERVA

¿Qué hay de aquellos que no odiaron el conocimiento? Continuemos leyendo las palabras de Salomón a su hijo.

Líder: Lee Proverbios 2:1-12 en voz alta. Pide al grupo que...

- *Encierre en un círculo cada referencia al* **hijo de Salomón.**
- *Marque cada referencia a* **la sabiduría**, *incluyendo el pronombre* **la**, *con una* **S**.
- *Subraye con una línea doble la palabra* **conocimiento**.
- *Dibuje un círculo irregular alrededor del* **temor del Señor**.

DISCUTE

- ¿Cómo discierne una persona el temor del Señor?

Proverbios 2:1-12

[1] Hijo mío, si recibes mis palabras y atesoras mis mandamientos dentro de ti,

[2] Da oído a la sabiduría, inclina tu corazón al entendimiento.

[3] Porque si clamas a la inteligencia, alza tu voz por entendimiento;

[4] Si la buscas como a la plata, y la procuras como a tesoros escondidos,

[5] Entonces entenderás el temor del Señor y descubrirás el conocimiento de Dios.

[6] Porque el Señor da sabiduría, de Su boca vienen el conocimiento y la inteligencia.

⁷ El reserva la prosperidad para los rectos y es escudo para los que andan en integridad,

⁸ Guarda las sendas del juicio, y preserva el camino de Sus santos.

⁹ Entonces discernirás justicia y juicio, equidad y todo buen sendero.

¹⁰ Porque la sabiduría entrará en tu corazón, y el conocimiento será grato a tu alma;

¹¹ La discreción velará sobre ti, el entendimiento te protegerá,

¹² Para librarte de la senda del mal, del hombre que habla cosas perversas.

- ¿Qué aprendiste de este pasaje acerca de la fuente de la sabiduría y el conocimiento? ¿Cómo se relaciona esto con el temor del Señor?

- ¿Cuáles son los beneficios del temor del Señor, como se describen en los versículos 9-12?

- Si tienes hijos o nietos, ¿cómo los aconsejarías a la luz de lo que aprendiste de Proverbios 1 y 2?

OBSERVA

Líder: *Lee Proverbios 14:26-27 en voz alta.*
- *Pide al grupo que dibuje un círculo irregular alrededor del **temor del Señor**.*

DISCUTE
- ¿Qué aprendiste al marcar el *temor del Señor*?

- ¿Cómo se compara esto con lo que lo ya has aprendido acerca del temor del Señor?

Proverbios 14:26-27

²⁶ En el temor del Señor hay confianza segura, y a los hijos dará refugio.

²⁷ El temor del Señor es fuente de vida, para evadir los lazos de la muerte.

¿Cómo Liberarte de los Temores?

Deuteronomio 17:14, 18-20

¹⁴ "Cuando entres en la tierra que el Señor tu Dios te da, y la poseas y habites en ella, y digas: 'Pondré un rey sobre mí, como todas las naciones que me rodean,'

¹⁸ "Y cuando él se siente sobre el trono de su reino, escribirá para sí una copia de esta ley en un libro, en presencia de los sacerdotes Levitas.

¹⁹ La tendrá consigo y la leerá todos los días de su vida, para que aprenda a temer al Señor su Dios, observando cuidadosamente todas las palabras de esta ley y estos estatutos,

OBSERVA

¿Cómo una persona – sea de la realeza, un gobernante o un común y ordinario ciudadano – adquiere el temor del Señor?

Líder: Lee Deuteronomio 17:14, 18-20 y 31:10-12. Pide al grupo que...
- *Dibuje un rectángulo alrededor de **la ley**, incluyendo el pronombre **la** y los sinónimos **estatutos** y **mandamiento**, de esta manera:* ▭
- *Dibuje un círculo irregular alrededor de cada referencia al **temor del Señor**.*

DISCUTE
- ¿Qué aprendiste al marcar las referencias a la ley, los mandamientos del Señor?

- ¿Qué aprendiste al marcar las referencias al temor del Señor?

- Según lo que has observado, ¿cómo se aprende el temor del Señor?

- En el primer pasaje de Deuteronomio, ¿a quién se le instruye que debe temer al Señor Dios? ¿Cómo se cumpliría esto y cuál era el propósito?

- ¿Qué te dice esto acerca del valor de temer al Señor?

- En el segundo pasaje de Deuteronomio, ¿quién debe temer al Señor y cómo sucedería esto?

- Así que si deseas el temor del Señor, ¿cómo lo obtendrías? ¿Cómo se vería?

[20] para que no se eleve su corazón sobre sus hermanos y no se desvíe del mandamiento ni a la derecha ni a la izquierda, a fin de que prolongue sus días en su reino, él y sus hijos, en medio de Israel.

Deuteronomio 31:10-12

[10] Entonces Moisés les ordenó: "Al fin de cada siete años, durante el tiempo del año de la remisión de deudas, en la Fiesta de los Tabernáculos,

[11] cuando todo Israel venga a presentarse delante del SEÑOR tu Dios en el lugar que Él escoja, leerás esta ley delante de todo Israel, a oídos de ellos.

¹² Congrega al pueblo, hombres, mujeres y niños, y al extranjero que está en tu ciudad, para que escuchen, aprendan a temer al Señor tu Dios, y cuiden de observar todas las palabras de esta ley.

- De todo lo que has aprendido, ¿cómo piensas que el temor del Señor te ayudaría con los temores de la vida?

- ¿Estás dispuesto a hacer lo que sea necesario para vivir en el temor del Señor?

- ¿Qué ajustes tendrías que hacer?

- ¿Vale la pena?

FINALIZANDO

Al ver tu sociedad, la cultura en que vives, probablemente ves a muchas personas que simplemente han destruido sus vidas y te preguntas por qué. ¿Qué les faltaba en su vida que fueron en busca del dinero, el poder, la fama, sexo, drogas, alcohol, su propia gratificación inmediata a costa de los demás o a cambio de su propio futuro?

¿Habrían hecho esto si hubiesen caminado en el temor del Señor y buscado el conocimiento y la sabiduría? ¿Si hubiesen vivido según la sabiduría y el conocimiento de Dios en vez de la sabiduría del hombre y sus prioridades, o la sabiduría de este mundo que es contraria al temor del Señor y que niega Su autoridad sobre nuestras vidas?

En nuestros países, las personas famosas son por lo general el estándar por el cual la gente decide cómo vestirse, caminar, hablar, comportarse y establecer sus prioridades. Los medios de comunicación le piden a estas celebridades que opinen sobre temas de cultura, política y estilo de vida. Y el mundo escucha y los sigue a ellos en vez de a Dios. La Biblia es puesta a un lado y tachada de arcaica e irrelevante.

Cuando estudiamos la historia de los Estados Unidos de Norteamérica, es claro que esta nación una vez puso con valentía su confianza en Dios. Esta declaración fue impresa en su moneda, tallada en sus monumentos nacionales y escrita en su Constitución. De hecho muchas de las leyes americanas fueron basadas en las leyes de Dios, Sus mandamientos. Hasta un cierto grado, el temor del Señor estaba presente en la cultura.

Ahora, el temor del Señor es ridiculizado, contradicho y muchas veces silenciado por la intimidación del hombre. Los valores sobre los cuales el país fue fundado han sido derrocados por la voluntad y caprichos de una sociedad que a menudo se opone a la Palabra de Dios. Aquellos que no creen en el Dios de la Biblia quieren eliminar hasta la mención de Su nombre y los preceptos de Su Palabra de la vida pública.

Has podido observar lo que Dios dice acerca de Sí mismo en la segunda lección de este estudio. ¿Qué hará el Dios Soberano a este país si esto continúa? La respuesta podría impactar al mundo.

Así que, ¿cuál es tu rol en todo esto? Al finalizar cada lección, repasa lo que has aprendido. Medita en ello. Estás estudiando la Palabra de Dios—la verdad. Según Jesucristo, es la verdad la que te guarda del maligno, que te separa, que te enseña el temor del Señor (Juan 8:42-47; 17:14-17).

Así que aprende a temer al Señor, vive en el temor del Señor, enseña el temor del Señor a los demás. Si escuchan, entonces continúa. Si no escuchan, sacude el polvo de tus pies y busca quien lo haga. No sabrás quién recibirá el mensaje hasta que hagas lo que se supone que tienes que hacer. Escucha a Jesús:

> *Yo les he dado Tu palabra y el mundo los ha odiado, porque no son del mundo, como tampoco Yo soy del mundo. No Te ruego que los saques del mundo, sino que los guardes del maligno. Ellos no son del mundo, como tampoco Yo soy del mundo. Santifícalos en la verdad; Tu palabra es verdad. Como Tú Me enviaste al mundo, Yo también los he enviado al mundo. (Juan 17:14-18)*

CUARTA SEMANA

Vale la pena vivir por algunas cosas en la vida - ¡y morir por otras! Sin embargo algunas veces el temor del hombre, el temor a la muerte, incluso temores a los diferentes desafíos en la vida diaria vencen nuestra convicción y nuestra pasión por la justicia y la verdad.

Hemos visto cómo puede prevalecer el temor del Señor por sobre todos los demás temores, cómo un entendimiento apropiado de la autoridad de Dios y nuestra relación con Él pone todo lo demás en perspectiva. En las siguientes lecciones consideraremos más verdades que necesitamos conocer y las cosas que necesitamos hacer para no ser cautivos de temores menores—comenzando por el temor a lo que otros (el hombre) nos puedan hacer.

Cuando somos amenazados por hombres, a quienes podemos ver, escuchar y sentir, ¿cómo podemos continuar confiando, creyendo en el Dios que no podemos ver? Encontraremos la respuesta observando individuos en la Biblia que aprendieron cómo el temor del Señor podía sostenerlos incluso en situaciones desesperadas. Veamos lo que Dios dice y lo que ellos hicieron.

OBSERVA

Comenzaremos leyendo un versículo de una lección anterior, el cual resalta lo que Dios quiere que sepamos acerca del temor al hombre y lo que éste trae a nuestras vidas.

Proverbios 29:25

El temor al hombre es un lazo, pero el que confía en el Señor estará seguro.

Líder: *Lee Proverbios 29:25 en voz alta. Pide al grupo que…*
- *Dibuje un círculo irregular alrededor de* **temor**.
- *Marque* **confía** *con una C.*

DISCUTE

- ¿Qué dos cosas se contrastan en este versículo?

- ¿Cuál es el resultado de temerle al hombre?

- Basado en lo que has observado en tu propia vida o en la de aquellos a tu alrededor, ¿cuáles son algunas de las trampas, los engaños, las acciones que el temor al hombre puede traer?

- Como vimos en una lección anterior, la palabra *seguro* significa "a salvo, seguro". ¿Cómo podemos alcanzar este estado, según este proverbio?

OBSERVA

Como acabamos de ver, podemos temerle al hombre o confiar en Dios. El contraste es grande una vez que sabes cómo es el hombre separado de Dios. Tomemos unos minutos para ver el punto de vista de Dios sobre el hombre mortal.

Líder: Lee Salmos 14:1-5 y Romanos 3:10-18 en voz alta. Pide al grupo que…
- *Subraye cada referencia al **hombre**, comenzando con el **necio**.*
- *Dibuje un círculo irregular alrededor de **miedo** y **temor**.*

Salmos 14:1-5

[1] El necio ha dicho en su corazón: "No hay Dios." todos se han corrompido, han cometido hechos abominables; no hay quien haga el bien.

[2] El Señor ha mirado desde los cielos sobre los hijos de los hombres para ver si hay alguien que entienda, alguien que busque a Dios.

[3] Pero todos se han desviado, a una se han corrompido; no hay quien haga el bien, no hay ni siquiera uno.

[4] ¿No tienen conocimiento todos los que hacen iniquidad, que devoran a mi pueblo como si comieran pan, y no invocan al Señor?

¿Cómo Liberarte de los Temores?

⁵ Allí están temblando de miedo, pues Dios está con la generación justa.

Romanos 3:10-18

¹⁰ Como está escrito: "No hay justo, ni aun uno;

¹¹ no hay quien entienda, no hay quien busque a Dios.

¹² Todos se han desviado, a una se hicieron inútiles; no hay quien haga lo bueno, no hay ni siquiera uno.

¹³ Sepulcro abierto es su garganta, engañan de continuo con su lengua. Veneno de serpientes hay bajo sus labios;

¹⁴ llena esta su boca de maldicion y amargura.

DISCUTE

- ¿Qué aprendiste acerca de la gente que no le teme a Dios, ni Lo ama?

- Cuando te encuentras con gente como ésta o terminas bajo su autoridad o influencia de alguna forma, ¿experimentas temor? Si es así, ¿cómo lo manejas?

¹⁵ Sus pies son veloces para derramar sangre.

¹⁶ Destruccion y miseria hay en sus caminos,

¹⁷ y la senda de paz no han conocido.

¹⁸ No hay temor de Dios delante de sus ojos."

OBSERVA

Si estas personas no le pertenecen a Dios, entonces ¿a quién le pertenecen?

Líder: *Lee en voz alta Juan 8:42-44; Efesios 2:1-3; y Colosenses 1:12-14. Pide al grupo que…*

- *Dibuje un triángulo sobre cada referencia a **Dios**, como éste:* △
- *Subraye **les**, **su**, **ustedes**, **ellos**, **nosotros**, **nuestra**, **nos**.*
- *Marque cada referencia al **diablo**, incluyendo sinónimos como **padre**, **príncipe**, **espíritu** con un tridente como éste:* ψ

Juan 8:42-44

Jesús está hablando de los líderes religiosos que no creen en Él y quieren matarlo.

⁴² Jesús les dijo: "Si Dios fuera su Padre, Me amarían, porque Yo salí de Dios y vine de Él, pues no he venido por Mi propia iniciativa, sino que Él Me envió.

¿Cómo Liberarte de los Temores?

⁴³ ¿Por qué no entienden lo que digo? Porque no pueden oír Mi palabra.

⁴⁴ Ustedes son de su padre el diablo y quieren hacer los deseos de su padre. El fue un asesino desde el principio, y no se ha mantenido en la verdad porque no hay verdad en él. Cuando habla mentira, habla de su propia naturaleza, porque es mentiroso y el padre de la mentira.

Efesios 2:1-3

Esto fué escrito para personas que han sido salvadas por la gracia de Dios. Pablo les esta explicando lo que ellos eran antes de que ellos creyeran.

DISCUTE

- ¿Qué aprendiste en Juan 8 acerca de los que no creen en Jesús?

- ¿Quién es su padre y cómo es él?

- ¿Qué aprendiste de los versículos en Efesios y Colosenses acerca de las personas antes de que llegan a ser verdaderos cristianos?

Cuarta Semana — 41

- ¿Qué aprendiste acerca de Dios en estos versículos?

- ¿Qué aprendiste al marcar las referencias al diablo, el príncipe y el espíritu? ¿Cuál es su reino o dominio?

¹ Y Él les dio vida a ustedes, que estaban muertos en sus delitos y pecados,

² en los cuales anduvieron en otro tiempo según la corriente de este mundo, conforme al príncipe de la potestad del aire, el espíritu que ahora opera en los hijos de desobediencia.

³ Entre ellos también todos nosotros en otro tiempo vivíamos en las pasiones de nuestra carne, satisfaciendo los deseos de la carne y de la mente (de los pensamientos), y éramos por naturaleza hijos de ira, lo mismo que los demás.

Colosenses 1:12-14

12 ...dando gracias al Padre que nos ha capacitado para

compartir la herencia de los santos en la Luz.

¹³ Porque Él nos libró del dominio (de la autoridad) de las tinieblas y nos trasladó al reino de Su Hijo amado,

14 en quien tenemos redención: el perdón de los pecados.

- ¿Cómo estas verdades acerca de la gente impía ayudan a explicar por qué no debes dejar que el temor al hombre te domine?

Salmos 118:4-9

⁴ Digan ahora los que temen al SEÑOR: "Para siempre es Su misericordia."

⁵ En medio de mi angustia invoqué al Señor; El Señor me respondió y me puso en un lugar espacioso.

⁶ El SEÑOR está a mi favor; no temeré.

OBSERVA

Entonces, ¿cómo puede manejar una persona el muy real temor al hombre?

Líder: *Lee Salmos 118:4-9. Pide al grupo que…*
- *Dibuje un círculo irregular alrededor del **temor**.*
- *Subraye **mi**, **me**.*
- *Marque cada referencia a **refugiarse** y **confiar** con una **C**.*

DISCUTE

- ¿Qué aprendiste al marcar *mi* y *me*? No te pierdas nada de la relación con el Señor descrita en estos versículos.

- ¿Qué aprendiste al marcar *temor*, *confiar* y *refugiarse*?

- La palabra *príncipes* en el versículo 9 se refiere a los gobernantes. ¿Crees que la gente confía más en sus líderes que en Dios? ¿Temen – o incluso respetan – a los gobernantes más que a Dios? ¿Por qué?

- ¿Qué has aprendido acerca de Dios en las lecciones anteriores que moldee tu perspectiva acerca de confiar en nuestros líderes para protegernos y rescatarnos en lugar de confiar en Dios?

- ¿Cómo el conocer estas verdades te puede ayudar en la práctica?

¿Qué puede hacerme el hombre?

⁷ El Señor está por mí entre los que me ayudan; Por tanto, miraré triunfante sobre los que me aborrecen.

⁸ Es mejor refugiarse en el Señor que confiar en el hombre.

⁹ Es mejor refugiarse en el Señor que confiar en príncipes.

¿Cómo Liberarte de los Temores?

Deuteronomio 20:1-4

¹ "Cuando salgas a la batalla contra tus enemigos y veas caballos y carros, y pueblo más numeroso que tú, no tengas temor de ellos; porque el SEÑOR tu Dios que te sacó de la tierra de Egipto está contigo.

² Cuando se acerquen a la batalla, el sacerdote se llegará y hablará al pueblo,

³ y les dirá: 'Oye, Israel, hoy ustedes se acercan a la batalla contra sus enemigos; no desmaye su corazón; no teman ni se alarmen, ni se aterroricen delante de ellos,

⁴ porque el SEÑOR su Dios es el que va con

OBSERVA

Investiguemos un poco más y veamos lo que podemos aprender acerca de cómo manejar el temor cuando estamos en batalla con las personas que son enemigas de Dios.

Líder: *Lee Deuteronomio 20:1-4 y Salmos 115:9-11 en voz alta. Pide al grupo que haga lo siguiente:*
- *Subraye las referencias al **pueblo** – **tu**, **tus**, **te**, **contigo**, etc.*
- *Dibuje un triángulo sobre las referencias al **Señor**, incluyendo pronombres.*
- *Dibuje un círculo irregular alrededor de la palabra **teman**.*
- *Marque **confíen** con una **C**.*

DISCUTE

- Discute Deuteronomio 20 primero. ¿Para qué tipo de situación estaba Dios preparando a Su pueblo?

- ¿Cuáles fueron Sus instrucciones al pueblo?

- ¿Qué aprendiste al marcar las referencias al Señor? ¿Cómo el creer en Dios, confiar en lo que Él dijo, les puede ayudar a no tener temor?

- ¿Cuál era su alternativa a confiar en Dios?

- Ahora observa el Salmo 115:9-11 y discute lo que aprendiste al marcar las referencias al Señor.

- ¿Qué frase se repite en este pasaje? ¿Por qué piensas que aparece tantas veces?

- Si realmente temes al Señor, ¿qué debes hacer y por qué?

- ¿Se puede confiar en Dios? ¿Cómo lo sabes?

ustedes, para pelear por ustedes contra sus enemigos, para salvarlos.'

Salmos 115:9-11

⁹ Oh Israel, confía en el Señor; Él es tu ayuda y tu escudo.

¹⁰ Oh casa de Aarón, confíen ustedes en el Señor; Él es su ayuda y su escudo.

¹¹ Los que temen (reverencian) al Señor, confíen en el Señor; Él es su ayuda y su escudo.

¿Cómo Liberarte de los Temores?

2 Crónicas 20:1-12

¹ Aconteció después de esto, que los Moabitas, los Amonitas, y con ellos algunos de los Meunitas, vinieron a pelear contra Josafat.

² Entonces vinieron algunos y dieron aviso a Josafat: "Viene contra ti una gran multitud de más allá del mar, de Aram y ya están en Hazezon Tamar, es decir, En Gadi."

³ Josafat tuvo miedo y se dispuso a buscar al SEÑOR, y proclamó ayuno en todo Judá.

⁴ Y Judá se reunió para buscar ayuda del SEÑOR; aun de todas las ciudades de Judá vinieron para buscar al SEÑOR.

OBSERVA

Veamos cómo respondió un rey a las amenazas del hombre. Encontrarás algunas grandiosas aplicaciones para tu propia vida.

Líder: Lee 2 Crónicas 20:1-12 y pide al grupo que...
- *Subraye las referencias a **Josafat**, incluyendo pronombres.*
- *Dibuje un triángulo sobre las referencias al **Señor**, incluyendo pronombres.*
- *Dibuje un círculo irregular alrededor de **temor**.*

DISCUTE
- ¿Cuál era la situación de Josafat?

| | Cuarta Semana | 47 |

- Según el versículo 3, ¿cómo se sintió acerca de esto? ¿Fue una respuesta normal?

- ¿Cómo te sentirías si hubiese sido tú?

- ¿Qué hizo Josafat?

⁵ Entonces Josafat se puso en pie en la asamblea de Judá y de Jerusalén, en la casa del Señor, delante del atrio nuevo,

⁶ y dijo: "Oh Señor, Dios de nuestros padres, ¿no eres Tú Dios en los cielos? ¿Y no gobiernas Tú sobre todos los reinos de las naciones? En Tu mano hay poder y fortaleza y no hay quien pueda resistirte.

⁷ ¿No fuiste Tú, oh Dios nuestro, el que echaste a los habitantes de esta tierra delante de Tu pueblo Israel, y la diste para siempre a la descendencia de Tu amigo Abraham?

⁸ Y han habitado en ella, y allí Te han edificado un santuario a Tu nombre, diciendo:

⁹ 'Si viene mal sobre nosotros, espada, juicio, pestilencia o hambre, nos presentaremos delante de esta casa y delante de Ti (porque Tu nombre está en esta casa), y clamaremos a Ti en nuestra angustia, y Tú oirás y nos salvarás.'

¹⁰ Y ahora, los Amonitas y Moabitas y los del Monte Seir, a quienes no permitiste que Israel invadiera cuando salió de la tierra de Egipto (por lo cual se apartaron de ellos y no los destruyeron),

- ¿Qué aprendiste al marcar las referencias al Señor?

- ¿Cómo el conocer estas cosas acerca del Señor te ayuda a ti o a cualquier verdadero hijo de Dios?

- ¿Qué acciones específicas siguió Josafat cuando tuvo temor?

- ¿Qué aprendiste de este incidente que puedas aplicar cuando tengas temor de alguien?

[11] mira cómo nos pagan, viniendo a echarnos de Tu posesión, la que nos diste en heredad.

[12] Oh Dios nuestro, ¿no los juzgarás? Porque no tenemos fuerza alguna delante de esta gran multitud que viene contra nosotros, y no sabemos qué hacer; pero nuestros ojos están vueltos hacia Ti."

50 ¿Cómo Liberarte de los Temores?

2 Crónicas 20:14-15, 17, 20

¹⁴ Entonces el Espíritu del Señor vino en medio de la asamblea sobre Jahaziel, hijo de Zacarías, hijo de Benaía, hijo de Jeiel, hijo de Matanías, Levita de los hijos de Asaf,

¹⁵ y dijo Jahaziel: "Presten atención, todo Judá, habitantes de Jerusalén y tú, rey Josafat: así les dice el Señor: 'No teman, ni se acobarden delante de esta gran multitud, porque la batalla no es de ustedes, sino de Dios.

¹⁷ No necesitan pelear en esta batalla; tomen sus puestos y estén quietos, y vean la salvación del Señor con ustedes, oh

OBSERVA

La historia no ha terminado. Veamos qué sucedió después.

Líder: Lee 2 Crónicas 20:14-15, 17 y 20. Pide al grupo que haga lo siguiente:
- *Dibuje un triángulo sobre cada referencia al **Señor, Dios**.*
- *Subraye las referencias a **Josafat**, incluyendo pronombres.*
- *Dibuje un círculo irregular alrededor de la frase **no teman ni se acobarden**.*
- *Marque **confíen** con una C.*

DISCUTE
- ¿Qué aprendiste al marcar las referencias al Señor, Dios?

- ¿A qué animó Josafat al pueblo que hiciera en el versículo 20?

- ¿Cómo encaja esto con lo que viste en Deuteronomio? (A propósito, Moisés era considerado un profeta así como líder de Israel).

- Así que, ¿en quién deben poner su confianza, a quién deben temer – al hombre a quien pueden ver o a Dios a quien no pueden ver?

- No hay suficiente tiempo para estudiar lo que sucedió, pero tú sabes quién ganó ¿no es así? ¿Qué lecciones puedes aprender para tu vida cuando estás tentado a temerle al hombre en vez de a Dios?

Judá y Jerusalén.' No teman ni se acobarden; salgan mañana al encuentro de ellos porque el Señor está con ustedes."

[20] Se levantaron muy de mañana y salieron al desierto de Tecoa. Cuando salían, Josafat se puso en pie y dijo: "Oiganme, Judá y habitantes de Jerusalén, confíen en el Señor su Dios, y estarán seguros. Confíen en Sus profetas y triunfarán."

¿Cómo Liberarte de los Temores?

Josué 1:1-3, 7-9

¹ Después de la muerte de Moisés, siervo del Señor, el Señor habló a Josué, hijo de Nun, y ayudante (ministro) de Moisés, y le dijo:

² "Mi siervo Moisés ha muerto. Ahora pues, levántate, cruza este Jordán, tú y todo este pueblo, a la tierra que Yo les doy a los Israelitas.

³ Todo lugar que pise la planta de su pie les he dado a ustedes, tal como dije a Moisés.

⁷ Solamente sé fuerte y muy valiente. Cuídate de cumplir toda la ley que Moisés mi siervo te mandó. No te desvíes de ella ni a la derecha

OBSERVA

Veamos cómo podemos asegurarnos que estamos caminando en el temor del Señor y no en el temor del hombre.

Líder: Lee Josué 1:1-3, 7-9 y pide al grupo que...
- *Marque cada referencia a **Josué**, incluyendo pronombres, con una **J**.*
- *Dibuje un círculo irregular alrededor de cualquier palabra o frase que indique **temor**.*
- *Dibuje un rectángulo alrededor de las referencias a **la ley** y al **libro de la ley**.*
- *Dibuje una nube como ésta alrededor de **fuerte** y **valiente**.*

DISCUTE

- Observa los lugares donde marcaste *Josué*. ¿Cuáles fueron las instrucciones de Dios para él?

- ¿Qué le dijo Dios a Josué que le dio seguridad?

ACLARACIÓN

Las definiciones de las palabras hebreas usadas en Josué 1 nos dan una clara y memorable ilustración de lo que Dios estaba diciendo:

Fuerte significa "aferrarse, agarrar o tomar".

Valiente significa "estar alerta, física y mentalmente. No desmoronarse".

Acobardarse significa "derrumbarse por la violencia, confusión, temor".

Dejar significa "aflojar, dejar caer, abandonar".

Abandonar es similar a dejar, ya que significa "aflojar, rendir, partir, abandonar".

El libro de la ley es la Torá, los primeros cinco libros de la Biblia: Génesis, Éxodo, Levítico, Números y Deuteronomio. Cada rey debía escribir su propia copia de la ley.

ni a la izquierda, para que tengas éxito dondequiera que vayas.

[8] Este Libro de la Ley no se apartará de tu boca, sino que meditarás en él día y noche, para que cuides de hacer todo lo que en él está escrito. Porque entonces harás prosperar tu camino y tendrás éxito.

[9] ¿No te lo he ordenado Yo? ¡Sé fuerte y valiente! No temas ni te acobardes, porque el Señor tu Dios estará contigo dondequiera que vayas."

- ¿Qué aprendiste al marcar las referencias a la ley, el libro de la ley?

- ¿Le insinuó Dios a Josué que el dedicarle tiempo al libro de la ley era algo opcional?

- A la luz de esto, ¿qué tan importante crees que es la Palabra de Dios cuando se trata del temor al hombre y el temor de Dios?

- ¿Qué aprendiste de 2 Crónicas 20 acerca del conocimiento de Josafat de Dios y Sus promesas e instrucciones a Su pueblo? (Tan solo piensa, Josué y Josafat tenían únicamente cinco libros de la Biblia; ¡tú tienes los sesenta y seis!)

- ¿Cuál ha sido tu actitud hacia la Palabra de Dios y cómo ha moldeado tus acciones, tu manera de manejar las circunstancias de la vida?

- ¿Qué lugar tiene la Palabra de Dios en tu vida diaria? ¿Cómo se compara con la instrucción de Dios a Josué en el versículo 8?

- Describe un tiempo cuando tu conocimiento de la Palabra de Dios te ayudó a evadir el engaño del temor al hombre. Si no puedes recordar ninguno, ¿qué te sugiere esto?

OBSERVA

Terminemos esta semana de estudio observando tres pasajes en el Nuevo Testamento que te podrían ayudar a grabar Josué 1:7-9 en tu corazón.

Líder: Lee en voz alta Juan 16:33; Hebreos 13:5-6; y Efesios 6:10-11. Pide al grupo que haga lo siguiente:

- *Dibuje una cruz sobre cada referencia a **Jesús**.*
- *Dibuje un triángulo sobre cada referencia al **Señor**, **Dios**.*
- *Subraye cada referencia a **los discípulos** o **los destinatarios** del mensaje.*
- *Dibuje un círculo irregular alrededor de cualquier referencia al **temor**.*
- *Dibuje una nube alrededor de las palabras **confíen**, **fortalézcanse** y **fuerza**.*

Juan 16:33

Estas cosas les he hablado para que en Mí tengan paz. En el mundo tienen tribulación; pero confíen, Yo he vencido al mundo.

Hebreos 13:5-6

⁵ Sea el carácter de ustedes sin avaricia, contentos con lo que tienen, porque El mismo ha dicho: "Nunca te dejaré ni te desampararé,"

⁶ de manera que decimos confiadamente: "El Señor es el que me

ayuda; no temeré. ¿Que podrá hacerme el hombre?"

Efesios 6:10-11

¹⁰ Por lo demás, fortalézcanse en el Señor y en el poder de Su fuerza.

¹¹ Revístanse con toda la armadura de Dios para que puedan estar firmes contra las insidias del diablo.

DISCUTE

- ¿Qué aprendiste al marcar las referencias al Señor?

- ¿Qué aprendiste al marcar *temor*, *fuerza* y *confien*?

- Repasa lo que aprendiste del cuadro de Aclaración, el cual está impreso nuevamente en la siguiente página para tu conveniencia. Discute cómo el entender esas palabras, y conocer los versículos de Josué y del Nuevo Testamento, puede ayudarte a caminar en el temor del Señor y no en el temor al hombre.

ACLARACIÓN

Las definiciones de las palabras hebreas usadas en Josué 1 nos dan una clara y memorable ilustración de lo que Dios estaba diciendo:

Fuerte significa "aferrarse, agarrar o tomar".

Valiente significa "estar alerta, física y mentalmente. No desmoronarse".

Acobardarse significa "derrumbarse por la violencia, confusión, temor".

Dejar significa "aflojar, dejar caer, abandonar".

Abandonar es similar a dejar, ya que significa "aflojar, rendir, partir, abandonar".

El libro de la ley es la Torá, los primeros cinco libros de la Biblia: Génesis, Éxodo, Levítico, Números y Deuteronomio. Cada rey debía escribir su propia copia de la ley.

- Finalmente, ¿cómo podría el amor al dinero separarte a ti o a los demás del temor del Señor? ¿Crees que esto es un problema hoy en día? Discute esto en el grupo.

FINALIZANDO

En nuestras vidas cada uno de nosotros enfrentará y tendrá que tratar con el temor al hombre. Y el único temor que puede vencer el temor al hombre en sus diferentes maneras es el temor del Señor, lo que significa que necesitamos fortalecer continuamente y renovar nuestro entendimiento de Él.

Aquí hay algunas sugerencias de cómo hacerlo.

Primero, estudia la Palabra de Dios diariamente – no tan solo por deber sino porque vivimos de toda Palabra que sale de Su boca (Deuteronomio 8:3; Mateo 4:4). Aprende a estudiar la Palabra de Dios "inductivamente" – de primera mano, para que Dios mismo te enseñe, como dice el Salmo 119:102.

La misión de Ministerios Precepto Internacional es establecer a las personas en la Palabra de Dios lo cual resulta en reverencia a Dios—temor del Señor. El ministerio tiene todas las herramientas para enseñar y entrenarte en cómo descubrir la verdad por ti mismo, profundizar en el estudio con los demás y discipular—por medio del internet o por medio de nuestros libros. Ministerios Precepto Internacional está en más de 150 países y sus libros han sido traducidos en más de 70 idiomas, con materiales para niños, adolescentes y adultos. El libro que estás utilizando fue producido por este ministerio.*

Segundo, mientras más escojas en tu vida el temor del Señor—confiar en Él y hacer lo que Él dice sin importar las circunstancias—te volverás más y más fuerte espiritualmente. Caminar en el temor del Señor te traerá un profundo sentido de paz y el favor de Dios y cada vez lo anhelarás más y más.

* Para mayor información sobre nuestros recursos, visita www.precept.org o solicita información en la oficina de Precepto en tu país.

Tercero, mantente en comunión con otros creyentes quienes estarán allí para apoyarte y, si es necesario, para corregirte. Dios nos pone en un cuerpo porque necesitamos unos de otros. "Cordón de tres hilos no se rompe fácilmente" (Eclesiastés 4:12).

La próxima semana consideraremos el temor a la muerte – una realidad que todos necesitamos conocer cómo enfrentar, con fuerza y voluntad.

"No digan ustedes: 'Es conspiración,'
A todo lo que este pueblo llama conspiración,
Ni teman lo que ellos temen, ni se aterroricen.
Al Señor de los ejércitos es a quien ustedes deben
tener por santo. Sea Él su temor y sea Él su terror.
Entonces Él vendrá a ser santuario. (Isaías 8:12-14a)

QUINTA SEMANA

El temor a la muerte es un poderoso motivador. Si los que gobiernan con poder e intimidación no pueden someter un individuo a su voluntad, entonces usan la amenaza de muerte. Es el arma definitiva, fortalecida por un temor tan fuerte que puede poner a una persona de rodillas, causar que niegue sus creencias y forzarla a traicionar a los demás.

Pero no todos son vulnerables a esta amenaza. Los convencidos y valientes prefieren morir por lo que creen. Los registros de la historia nos dicen que la sangre de los mártires fue la semilla de la iglesia. En vez de erradicar a los fieles, la persecución y el martirio marcaron el rápido crecimiento de la iglesia primitiva.

¿En qué creían los cristianos de entonces que los fortaleció para morir con tal valentía? ¿Qué les dio la fuerza y el coraje para morir en la fe en vez de negar a Jesucristo y Sus preceptos de vida?

En esta lección veremos cómo el temor del Señor—entender Su poder sobre la vida y la muerte—puede conquistar el temor a la muerte.

OBSERVA

En Génesis, el libro de los orígenes, encontramos la primera referencia a la muerte y al temor. Cuando Dios creó a Adán y Eva, Él los puso en un ambiente perfecto y les dio tan solo una restricción: no comer del fruto del árbol del conocimiento del bien y el mal. Dios dejó claro lo que sucedería si desobedecían. Pero tentada por la serpiente, el diablo, Eva comió el fruto prohibido. Y ella se lo dio a Adán y éste también comió.

Génesis 2:16-17; 3:7-10

[16] Y el Señor Dios ordenó al hombre: "De todo árbol del huerto podrás comer,

[17] pero del árbol del conocimiento (de la ciencia) del bien y del mal no comerás, porque el día que de

él comas, ciertamente morirás."

³:⁷ Entonces fueron abiertos los ojos de ambos, y conocieron que estaban desnudos; y cosieron hojas de higuera y se hicieron delantales.

⁸ Y oyeron al SEÑOR Dios que se paseaba en el huerto al fresco del día. Entonces el hombre y su mujer se escondieron de la presencia del SEÑOR Dios entre los árboles del huerto.

⁹ Pero el SEÑOR Dios llamó al hombre y le dijo: "¿Dónde estás?"

Líder: *Lee Génesis 2:16-17 y 3:7-10. Pide al grupo que diga en voz alta y...*
- *Dibuje un triángulo sobre cada referencia al **Señor Dios**.*
- *Marque la palabra **morirás** con una lápida, de esta manera:*
- *Dibuje un círculo irregular alrededor de la palabra **miedo**.*

DISCUTE
- ¿Qué aprendiste al marcar morirás – la primera referencia a la muerte en la Palabra de Dios?

- Para asegurar que no te lo pierdas, ¿qué acción resultaría en la muerte? ¿Puedes resumirlo en una palabra?

- ¿Qué hicieron Adán y Eva con respecto a Dios cuando desobedecieron?

¹⁰ Y él respondió:
"Te oí en el huerto,
tuve miedo porque
estaba desnudo,
y me escondí."

OBSERVA

El pecado trae la muerte, lo que nos separa de Dios quien es vida.

Líder: *Lee Romanos 5:12 y 6:23. Pide al grupo que…*
- *Marque* **pecado** *con una* **P.**
- *Marque la palabra* **muerte** *con una lápida.*
- *Dibuje un triángulo sobre* **Dios**.

DISCUTE
- ¿Qué aprendiste al marcar *muerte*?

- ¿Qué aprendiste al marcar *Dios*?

Romanos 5:12

Por tanto, tal como el pecado entró en el mundo por medio de un hombre, y por medio del pecado la muerte, así también la muerte se extendió a todos los hombres, porque todos pecaron.

Romanos 6:23

Porque la paga del pecado es muerte, pero la dádiva de Dios es vida eterna en Cristo Jesús Señor nuestro.

Hebreos 2:9, 14-15

⁹ Pero vemos a Aquél que fue hecho un poco inferior a los ángeles, es decir, a Jesús, coronado de gloria y honor a causa del padecimiento de la muerte, para que por la gracia de Dios probara la muerte por todos.

¹⁴ Así que, por cuanto los hijos participan de carne y sangre, también Jesús participó de lo mismo, para anular mediante la muerte el poder de aquél que tenía el poder de la muerte, es decir, el diablo,

¹⁵ y librar a los que por el temor a la muerte, estaban sujetos a esclavitud durante toda la vida.

OBSERVA

Así que, ¿cómo llegamos a la vida eterna a través de Jesucristo? ¿Cómo da vida Dios a las personas que nacen pecadoras y que por lo tanto están destinadas a la muerte, a la eterna separación de Dios, quien es vida?

Líder: Lee en voz alta Hebreos 2:9, 14-15 y 2 Corintios 5:21. Pide al grupo que…
- *Marque cada referencia a **Jesús**, incluyendo pronombres, con una cruz:* ✝
- *Marque la palabra **muerte** con una lápida.*
- *Dibuje un círculo irregular alrededor de **temor**.*

DISCUTE

- ¿Qué aprendiste al marcar Jesús? Es maravilloso y te concierne, así que ¡no te lo pierdas!

- ¿Por qué Dios enfatiza que Jesús fue hecho menor que los ángeles, que Él se hizo carne y sangre – un ser humano?

Quinta Semana

- ¿Quién pecó en Génesis 3 y qué resultado trajo esto? ¿Qué viste en Romanos 5:12? Repásalo.

- ¿Qué aprendiste al marcar *muerte* en Hebreos?

- Según Romanos 6:23, que acabas de observar, ¿qué trae la muerte?

- ¿Qué le dio al diablo, la serpiente, el poder de la muerte sobre el hombre, como se describe en Hebreos 2:14?

- ¿Cómo fue pagado el pecado del hombre?

- Así que, si eres un verdadero creyente en Jesucristo, si temes a Dios y crees en Jesucristo, ¿qué tipo de vida tienes? ¿Serás separado de Dios y Jesucristo? Explica tu respuesta.

2 Corintios 5:21

Al que no conoció pecado, Lo hizo pecado por nosotros, para que fuéramos hechos justicia de Dios en Él.

¿Cómo Liberarte de los Temores?

1 Juan 5:11-13

¹¹ Y el testimonio es éste: que Dios nos ha dado vida eterna, y esta vida está en Su Hijo.

¹² El que tiene al Hijo tiene la vida, y el que no tiene al Hijo de Dios, no tiene la vida.

¹³ Estas cosas les he escrito a ustedes que creen en el nombre del Hijo de Dios, para que sepan que tienen vida eterna.

OBSERVA

Líder: Lee 1 Juan 5:11-13. Pide al grupo que...

- *Encierre la frase **vida eterna** y la palabra **vida**.*
- *Marque cada referencia al **Hijo de Dios** con una cruz.*
- *Dibuje una lápida sobre la frase **no tiene la vida**.*

DISCUTE

- ¿Qué nos ha dado Dios y cómo la obtenemos?

- ¿Cuál es nuestra situación si no tenemos a Jesucristo, el Hijo de Dios?

Quinta Semana | 67

OBSERVA

¿Qué le sucede a un cristiano cuando él o ella muere físicamente? Veamos lo que el apóstol Pablo escribió bajo la inspiración de Dios.

Líder: *Lee Filipenses 1:21-23; 2 Corintios 5:6-8; y Romanos 8:38-39. Pide al grupo que...*

- *Subraye cada pronombre que se refiere a **Pablo** o a **los creyentes**, incluyendo **mi**, **me**, **nos**, **nuestro**.*
- *Dibuje una lápida sobre cada una de estas palabras o frases:* **morir, partir, ausentes del cuerpo, muerte.**

DISCUTE

- ¿Qué aprendiste al marcar *mi, me, nos y nuestro*?

ACLARACIÓN

Pablo escribió esta carta a los filipenses desde la prisión en Roma. Eventualmente este hombre que vivía en el temor de Dios fue decapitado por su fe.

Filipenses 1:21-23

²¹ Pues para mí, el vivir es Cristo y el morir es ganancia.

²² Pero si el vivir en la carne, esto significa para mí una labor fructífera, entonces, no sé cuál escoger.

²³ Porque de ambos lados me siento apremiado, teniendo el deseo de partir y estar con Cristo, pues eso es mucho mejor.

2 Corintios 5:6-8

⁶ Por tanto, animados siempre y sabiendo que mientras habitamos (estamos presentes) en el cuerpo, estamos ausentes del Señor.

⁷ Porque por fe andamos, no por vista.

⁸ Pero cobramos ánimo y preferimos más bien estar ausentes del cuerpo y habitar (estar presentes) con el Señor.

Romanos 8:38-39

³⁸ Porque estoy convencido de que ni la muerte, ni la vida, ni ángeles, ni principados, ni lo presente, ni lo por venir, ni los poderes,

³⁹ ni lo alto, ni lo profundo, ni ninguna otra cosa creada nos podrá separar del amor de Dios que es en Cristo Jesús Señor nuestro.

- ¿Qué aprendiste al marcar las referencias a morir, partir, ausente del cuerpo y muerte?

- ¿Sabías esto? ¿Cómo afecta esta verdad a tu perspectiva de la muerte para el cristiano?

- El temor del Señor está demostrado al reconocer la verdad y vivir de acuerdo a ella. ¿Cómo afecta esta verdad a la manera en que vives y mueres? ¿Cómo encaja esto con la valentía como la vimos en 2 Corintios 5:7-8?

OBSERVA

Si temes al Señor, ¿significa esto que no morirás en manos de alguien?

Líder: Lee Lucas 12:4-7 y Mateo 10:26-28 en voz alta – lentamente. Nota que Jesús está hablando en ambos pasajes. Pide al grupo que...
- *Dibuje un círculo irregular alrededor de las palabras **teman, miedo**.*
- *Dibuje una lápida sobre las palabras **matar y perecer**.*

DISCUTE

- ¿Qué aprendiste al marcar las palabras *teman* y *miedo*?

- ¿A quién debes temer y por qué?

Lucas 12:4-7

⁴ "Así que Yo les digo, amigos Míos: no teman a los que matan el cuerpo, y después de esto no tienen nada más que puedan hacer.

⁵ Pero Yo les mostraré a quién deben temer: teman a Aquél que, después de matar, tiene poder para arrojar al infierno; sí, les digo: ¡A Él, teman!

⁶ ¿No se venden cinco pajarillos por dos moneditas? Y sin embargo, ni uno de ellos está olvidado ante Dios.

⁷ Es más, aun los cabellos de la cabeza de ustedes están todos contados. No teman; ustedes valen más que muchos pajarillos.

Mateo 10:26-28

²⁶ "Así que no les tengan miedo, porque nada hay encubierto que no haya de ser revelado, ni oculto que no haya de saberse.

²⁷ Lo que les digo en la oscuridad, háblenlo en la luz; y lo que oyen al oído, proclámenlo desde las azoteas.

²⁸ No teman a los que matan el cuerpo, pero no pueden matar el alma; más bien teman a Aquél que puede hacer perecer tanto el alma como el cuerpo en el infierno.

- ¿Qué significa este conocimiento para ti? ¿Cómo afectaría tu vida, tu ministerio, tu mensaje – tu testimonio a los demás – si realmente creyeras y vivieras de acuerdo a esto?

- ¿Alguna vez has leído o conocido de alguien que murió por la fe? ¿Cómo te afectó?

Quinta Semana | 71

OBSERVA

Así que, ¿quién determina cuándo moriremos? - ¿o es cuestión de azar?

Líder: Lee Salmos 139:16 y Deuteronomio 32:39. Pide al grupo que...
- Dibuje un triángulo sobre cada referencia a **Dios**. Estar atentos a los pronombres.
- Dibuje una lápida sobre **muerte**.

DISCUTE
- ¿Qué aprendiste al marcar las referencias a Dios?

- ¿Qué aprendiste acerca de quién determina tu muerte y cuándo ésta sucede?

- ¿Cómo te ayuda el creer lo que acabas de leer a manejar tu temor a la muerte?

- ¿Lo crees? Si no es así, ¿estás temiendo al Señor? ¿Cuál sería el resultado de no creer? Explica tu respuesta.

Salmos 139:16

El salmista esta hablando de Dios.

Tus ojos vieron mi embrión, y en Tu libro se escribieron todos los días que me fueron dados, cuando no existía ni uno solo de ellos.

Deuteronomio 32:39

Dios está hablando.

Vean ahora que Yo, Yo soy el Señor, y fuera de Mí no hay dios. Yo hago morir y hago vivir. Yo hiero y Yo sano, y no hay quien pueda librar de Mi mano.

72 ¿Cómo Liberarte de los Temores?

Apocalipsis 2:8-11

⁸ "Escribe al ángel de la iglesia en Esmirna: 'El Primero y el Ultimo, el que estuvo muerto y ha vuelto a la vida, dice esto:

⁹ "Yo conozco tu tribulación y tu pobreza (pero tú eres rico), y la blasfemia de los que se dicen ser Judíos y no lo son, sino que son sinagoga de Satanás.

¹⁰ No temas lo que estás por sufrir. Yo te digo que el diablo echará a algunos de ustedes en la cárcel para que sean probados, y tendrán tribulación por diez días. Sé fiel hasta la muerte, y Yo te daré la corona de la vida.

OBSERVA

El segundo y tercer capítulo de Apocalipsis contiene siete cartas de Jesús a las siete iglesias en Asia. Cada carta termina con una promesa a los vencedores.

Líder: Lee Apocalipsis 2:8-11 y pide al grupo que haga lo siguiente:
- *Marque las referencias a **Jesús, el primero y el último**, con una cruz.*
- *Subraye cada pronombre que se refiere a **los creyentes**: **tu**, **te**, **ustedes**.*
- *Dibuje un círculo irregular alrededor de la frase **no temas**.*
- *Dibuje una lápida alrededor de las palabras **muerto y muerte**.*

ACLARACIÓN

Según 1 Juan 5:4-5, el que venciere es una persona que es nacida de Dios – alguien que cree que Jesús es el Hijo de Dios. Su fe es la victoria que vence al mundo.

DISCUTE
- ¿Qué tipo de mensaje le dio Jesús a la iglesia en Esmirna? ¿Lo describirías como duro? ¿Fácil? ¿Impactante? ¿Alarmante? ¿Por qué?

- ¿Qué aprendiste al marcar las referencias a los creyentes? Sé muy específico en tus respuestas.

- ¿Cómo se describió Jesucristo a Sí mismo en el versículo 8?

- ¿Ves alguna conexión entre esta descripción y lo que Él le dice a la iglesia? Explica tu respuesta.

- ¿Qué aprendiste al marcar las referencias a la muerte?

(Si te estás preguntando qué significa la segunda muerte, un poco más adelante veremos juntos la respuesta.)

[11] "El que tiene oído, oiga lo que el Espíritu dice a las iglesias. El vencedor no sufrirá daño de la muerte segunda."

¿Cómo Liberarte de los Temores?

Apocalipsis 1:12-13, 17-18

¹² Entonces me volví para ver de quién era la voz que hablaba conmigo, y al volverme, vi siete candelabros de oro.

¹³ En medio de los candelabros, vi a uno semejante al Hijo del Hombre, vestido con una túnica que Le llegaba hasta los pies y ceñido por el pecho con un cinto de oro.

¹⁷ Cuando Lo vi, caí como muerto a Sus pies. Y Él puso Su mano derecha sobre mí, diciendo: "No temas, Yo soy el Primero y el Último,

¹⁸ y el que vive, y estuve muerto. Pero ahora estoy vivo por los siglos

OBSERVA

Veamos una vez más a Aquel que habló a la iglesia en Esmirna. Él aparece en la descripción del apóstol Juan de una visión que tuvo en el Espíritu durante su exilio en la isla de Patmos, a causa de la persecución que sufrió por su fiel testimonio de la Palabra de Dios y el testimonio de Jesucristo. Juan es el "yo" del pasaje que observaremos a continuación.

Líder: Lee Apocalipsis 1:12-13, 17-18 y pide al grupo que…
- *Dibuje una cruz sobre cada referencia a uno semejante al **Hijo del Hombre**, incluyendo pronombres.*
- *Dibuje un círculo irregular alrededor de la frase **no temas**.*
- *Marca las palabras **muerto** y **muerte** con una lápida.*

DISCUTE

- ¿Qué aprendiste de los versículos 17-18 acerca de Aquel que Juan vio?

- ¿Quién piensas que es y por qué?

- ¿Por qué no debemos temer? ¿Qué aprendiste, de nuevo, acerca de la muerte?

OBSERVA

¿Alguna vez habrá fin para la muerte? Leamos la profecía de Juan de lo que sucederá después del reino de mil años de Jesús en la tierra.

Líder: Lee Apocalipsis 20:11-21:8 lentamente. Pide al grupo que...
- *Dibuje un triángulo sobre cada referencia a **Dios**, **Aquel**, **Él**, **Su**.*
- *Marque las palabras **muerto** y **muerte** con una lápida.*

DISCUTE

- ¿Qué aprendiste al marcar las referencias a Dios en Apocalipsis 20:11-14? Incluye lo que ves acerca del trono de Dios en el versículo 12.

Apocalipsis 20:11-21:8

[11] Vi un gran trono blanco y a Aquél que estaba sentado en él, de cuya presencia huyeron la tierra y el cielo, y no se halló lugar para ellos.

[12] También vi a los muertos, grandes y pequeños, de pie delante del trono, y los libros (rollos) fueron abiertos. Otro libro (rollo) fue abierto, que es el Libro de la Vida, y los muertos fueron juzgados por lo que estaba escrito en los libros (rollos), según sus obras.

[13] El mar entregó los muertos que estaban en él, y la Muerte y el

de los siglos, y tengo las llaves de la muerte y del Hades.

Hades (la región de los muertos) entregaron a los muertos que estaban en ellos. Y fueron juzgados, cada uno según sus obras.

¹⁴ La Muerte y el Hades fueron arrojados al lago de fuego. Esta es la muerte segunda: el lago de fuego.

¹⁵ Y el que no se encontraba inscrito en el Libro de la Vida fue arrojado al lago de fuego.

²¹:¹ Entonces vi un cielo nuevo y una tierra nueva, porque el primer cielo y la primera tierra pasaron, y el mar ya no existe.

² Y vi la ciudad santa, la nueva Jerusalén, que

- ¿Qué aprendiste al marcar las referencias a muerto y muerte en Apocalipsis 20:11-15?

- Ahora, pensemos un minuto. Todos aquellos que torturaron y mataron a los hijos de Dios, como los que leíste acerca de Esmirna, ¿se saldrán con la suya? ¿Cómo lo sabes?

- Al observar Apocalipsis 21:1-8, ¿qué aprendiste al marcar las referencias a Dios?

- ¿Qué aprendiste acerca de la muerte en este pasaje?

- Vimos en la Cuarta Semana que Dios le ordenó a Josué el ser fuerte y valiente – a meditar en la Palabra de Dios y luego a obedecerla. Él no debía desviarse ni a derecha ni a izquierda, sino que tenía que guardar todo lo que Dios le había mandado (Josué 1:7). Seguramente ese es el temor del Señor en acción. ¿Pero qué hay de aquellos que no lo hacen? Observa Apocalipsis 21:8. ¿Cómo son descritos aquellos que experimentan la segunda muerte?

- ¿Tuvieron oportunidad de escapar? ¿Por qué no lo hicieron?

descendía del cielo, de Dios, preparada como una novia ataviada para su esposo.

³ Entonces oí una gran voz que decía desde el trono: "El tabernáculo de Dios está entre los hombres, y Él habitará entre ellos y ellos serán Su pueblo, y Dios mismo estará entre ellos.

⁴ Él enjugará toda lágrima de sus ojos, y ya no habrá muerte, ni habrá más duelo, ni clamor, ni dolor, porque las primeras cosas han pasado."

⁵ El que está sentado en el trono dijo: "Yo hago nuevas todas las cosas." Y añadió: "Escribe, porque estas palabras son fieles y verdaderas."

⁶ También me dijo: "Hecho está. Yo soy el Alfa y la Omega, el Principio y el Fin. Al que tiene sed, Yo le daré gratuitamente de la fuente del agua de la vida.

⁷ El vencedor heredará estas cosas, y Yo seré su Dios y él será Mi hijo.

⁸ Pero los cobardes, incrédulos, abominables, asesinos, inmorales, hechiceros, idólatras, y todos los mentirosos tendrán su herencia en el lago que arde con fuego y azufre, que es la muerte segunda."

- ¿Está tu nombre en el libro de la vida? ¿Cómo lo sabes?

- Si tu nombre no está en el libro de la vida, ¿qué necesitas hacer?

- Si está, ¿necesitas temerle a la muerte? Explica tu respuesta.

- ¿Qué temor vas a escoger?

FINALIZANDO

¿Te trae consuelo y seguridad saber estas verdades? Que no puedes morir sin el permiso de Dios y que—sin importar cómo mueras—si le perteneces a Él, estar ausentes en el cuerpo es estar presentes en el Señor.

¿Este conocimiento te ayuda a vivir en el temor del Señor, guardando Su Palabra como verdad, confiando en Él, respetándolo, reverenciándolo por quién Él es? Hacer eso es sabiduría – y vida.

SEXTA SEMANA

La vida puede ser tan incierta y esa incertidumbre a menudo nos lleva al temor. Nos podemos encontrar continuamente preocupándonos por los *y si...* de la vida. *¿Qué me sucederá a mí, a mis seres queridos, si _____?* ¿Si qué? Podríamos llenar el espacio en blanco con nuestros propios "y si", ¿verdad?

Pero, ¿debemos vivir en el temor de lo que podría suceder en nuestras vidas desde ahora hasta la muerte? ¿En ansiedad por lo que nos espera en el futuro? ¿Debemos vernos atrapados en la montaña rusa de la emoción y temor, dejando que nuestros sentimientos determinen lo que sucede alrededor nuestro, lo que estamos experimentando y lo que se nos dice que vendrá?

Al comenzar nuestro estudio, nos hicimos la pregunta que Jesús le hizo a Sus discípulos: "¿Por qué están atemorizados?" Luego vimos quién es Dios—las verdades acerca de Él y Su Hijo que nos dan seguridad al creer en Su promesa, "Yo estoy contigo". Exploramos un poco lo que es conocer y confiar en Aquel que está presente con nosotros ¡en cada tormenta!

En la tercera semana de nuestro estudio vimos el temor que somete y vence a todos los demás temores: el temor del Señor. En la cuarta semana vimos cómo vencer el temor al hombre que amenaza con mantenernos cautivos. Luego, la semana pasada vimos cómo podemos manejar el temor a la muerte.

Esta semana queremos ver cómo una persona puede vencer de manera práctica el temor a la incertidumbre y la ansiedad acerca de asuntos de la vida diaria, viviendo momento a momento en el temor del Señor. ¡Qué Dios utilice este estudio de tal manera que te encuentres viviendo la vida victoriosamente, caminando confiadamente en la Luz de la vida (Juan 8:12)!

Isaías 50:10

¿Quién hay entre ustedes que tema al Señor, que oiga la voz de Su siervo, que ande en tinieblas y no tenga luz? confíe en el nombre del Señor y apóyese en su Dios.

Salmos 27:1-3

¹ El Señor es mi luz y mi salvación; ¿A quién temeré? El Señor es la fortaleza de mi vida; ¿De quién tendré temor?

² Cuando los malhechores vinieron sobre mí para devorar mis carnes, Ellos, mis adversarios y mis enemigos, tropezaron y cayeron.

³ Si un ejército acampa contra mí, no temerá mi

OBSERVA

Dios nunca quiso que la gente caminara en la oscuridad. La oscuridad es la matriz de donde nace el temor.

Líder: Lee Isaías 50:10; Salmos 27:1-3; y Juan 8:12 en voz alta. Pide al grupo que…
- *Subraye cada pronombre – **ustedes**, **mi**, **mis**, **yo**, **les** – que se refiera a una persona que no sea Dios o Jesús.*
- *Dibuje un semicírculo sobre la palabra **tinieblas**, de esta manera:*
- *Dibuje un círculo irregular alrededor de la frase **tema al Señor** y alrededor de la palabra **temor**.*

DISCUTE
- ¿Qué aprendiste al marcar los pronombres como *ustedes*, *mi* y *yo*? Nota las diferentes situaciones mencionadas en estos versículos.

Sexta Semana | 83

- ¿Cómo puede una persona escapar de las tinieblas?

corazón; Si contra mí se levanta guerra, a pesar de ello, yo estaré confiado.

Juan 8:12

Jesús les habló otra vez, diciendo: "Yo soy la Luz del mundo; el que Me sigue no andará en tinieblas, sino que tendrá la Luz de la vida."

- ¿Qué tiene que ver esto con el temor del Señor?

Mateo 6:22, 24-34

OBSERVA

Dios debe ser servido con toda devoción – con toda nuestra confianza puesta en Él. Considera lo que Jesús enseñó sobre uno de los montes cerca de la costa de Galilea.

²² "La lámpara del cuerpo es el ojo; por eso, si tu ojo está sano, todo tu cuerpo estará lleno de luz...

Líder: *Lee Mateo 6:22, 24-34 lentamente. Pide al grupo que...*
- *Subraye cada **tu**, **ustedes**, **les**, **su**.*
- *Dibuje un círculo irregular alrededor de la palabra **preocupen**.*

²⁴ "Nadie puede servir a dos señores; porque o aborrecerá a uno y amará al otro, o apreciará a uno y despreciará al otro. Ustedes no pueden servir a Dios y a las riquezas.

²⁵ "Por eso les digo, no se preocupen por su vida, qué comerán o qué beberán; ni por su cuerpo, qué vestirán. ¿No es la vida más que el alimento y el cuerpo más que la ropa?

²⁶ Miren las aves del cielo, que no siembran, ni siegan, ni recogen en graneros, y sin embargo, el Padre celestial las alimenta. ¿No son ustedes de mucho más valor que ellas?

²⁷ ¿Quién de ustedes, por ansioso que esté, puede añadir una hora al curso de su vida?

²⁸ Y por la ropa, ¿por qué se preocupan? Observen cómo crecen los lirios del campo; no trabajan, ni hilan.

DISCUTE

- ¿Qué aprendiste al marcar *ustedes* y *su*?

- ¿Qué aprendiste al marcar las referencias a la preocupación?

Sexta Semana | 85

- ¿Cómo se relacionan estas referencias a la preocupación con los temores que enfrentamos en la vida? Comparte tu opinión con el grupo.

²⁹ Pero les digo que ni Salomón en toda su gloria se vistió como uno de ellos.

³⁰ Y si Dios así viste la hierba del campo, que hoy es y mañana es echada al horno, ¿no hará Él mucho más por ustedes, hombres de poca fe?

³¹ "Por tanto, no se preocupen, diciendo: '¿Qué comeremos?' o '¿qué beberemos?' o '¿con qué nos vestiremos?'

- ¿Qué respuesta dio Jesús a estas preocupaciones de la vida?

³² Porque los Gentiles (los paganos) buscan ansiosamente todas estas cosas; que el Padre celestial sabe que ustedes necesitan todas estas cosas.

³³ Pero busquen primero Su reino y Su justicia, y todas estas cosas les serán añadidas.

- Si buscas a Dios y Su reino por sobre todo lo demás, ¿estás viviendo en el temor del Señor? Explica tu respuesta.

³⁴ Por tanto, no se preocupen por el día de mañana; porque el día de mañana se cuidará de sí mismo. Básstenle a cada día sus propios problemas.

Hebreos 4:14-16

¹⁴ Teniendo, pues, un gran Sumo Sacerdote que trascendió los cielos, Jesús, el Hijo de Dios, retengamos nuestra fe.

¹⁵ Porque no tenemos un Sumo Sacerdote que no pueda compadecerse de nuestras flaquezas, sino Uno que ha sido tentado en todo como nosotros, pero sin pecado.

OBSERVA

Jesús enseñó a Sus discípulos a mantener el ojo sano, enfocarse no en el dinero sino en Dios. Él nos instruyó a que no nos preocupemos incluso de las más mundanas necesidades de la vida, sino que busquemos primero el reino de Dios. Pero, ¿será que Jesús entiende realmente las dificultades que pasamos?

Líder: *Lee Hebreos 4:14-16 en voz alta y pide al grupo que...*

- *Subraye **nuestras** y **nosotros**.*
- *Dibuje una cruz sobre cada referencia a **nuestro sumo sacerdote**, **Jesús**, incluyendo pronombres y sinónimos.*

DISCUTE
- ¿Qué aprendiste al marcar las referencias a Jesús?

- ¿Qué aprendiste al marcar nuestras y *nosotros*?

- ¿Cómo el saber esto te puede ayudar a enfrentar el temor en situaciones difíciles?

OBSERVA

Al profetizar acerca del Mesías, Isaías nos dijo que el temor del Señor reposaría sobre Jesús, que Él se deleitaría en el temor del Señor (Isaías 11:1-3). Así que, ¿cómo Jesús, Dios en la carne de un hombre, vivió mientras estuvo aquí en la tierra? ¿Y qué debemos hacer con este conocimiento?

Líder: *Lee en voz alta Juan 5:30; 14:10; 1 Corintios 11:1; 1 Juan 2:6.*
- *Pide al grupo que dibuje una cruz sobre cada referencia a **Jesús**, incluyendo **Yo, Mía, Mí, Me, Cristo, Él**.*

---

16 Por tanto, acerquémonos con confianza al trono de la gracia para que recibamos misericordia, y hallemos gracia para la ayuda oportuna.

Juan 5:30
Jesús está hablando.

30 "Yo no puedo hacer nada por iniciativa Mía; como oigo, juzgo, y Mi juicio es justo porque no busco Mi voluntad, sino la voluntad del que Me envió.

Juan 14:10
Jesús está hablando.

10 ¿No crees que Yo estoy en el Padre y el Padre en Mí? Las palabras que Yo les digo, no las hablo por Mi propia cuenta, sino que el Padre que mora en Mí es el que hace las obras.

1 Corintios 11:1

Pablo esta escribiendo.

Sean imitadores de mí, como también yo lo soy de Cristo.

1 Juan 2:6

El que dice que permanece en Él, debe andar como Él anduvo.

DISCUTE

- ¿Qué aprendiste de la manera en que Jesús condujo Su vida?

- Si temer al Señor significa confiar en Él, reverenciarlo, creer y obedecer lo que Él dice, entonces ¿cómo demostró Jesús el temor del Señor en Su vida?

- ¿Por qué es esto importante para ti como hijo de Dios? ¿Qué lección hay en esto para ti? Explica tu respuesta.

Sexta Semana | 89

OBSERVA

Como hijo de Dios, ¿cómo debes vivir todos los días de tu vida?

Líder: *Lee Jeremías 17:5-8 y Proverbios 3:5-8 en voz alta. Pide al grupo que…*
- *Subraye cada referencia a **aquel de quien se habla** o **aquel a quien se le habla**. Así que subrayarías **su**, **sus**, **tu**, **te**, **tus**.*
- *Dibuje un círculo irregular alrededor de las palabras **temerá**, **angustiará**, **teme**.*
- *Marca **confiar** con una **C**.*

DISCUTE

- ¿Qué contrastes y comparaciones se utilizan en Jeremías 17:5-8?

- ¿Qué aprendiste de la persona descrita en los versículos 5-6 de Jeremías?

Jeremías 17:5-8

⁵ Así dice el Señor: "Maldito el hombre que en el hombre confía, y hace de la carne su fortaleza (brazo), y del Señor se aparta su corazón.

⁶ Será como arbusto en lugar desolado y no verá cuando venga el bien; Habitará en pedregales en el desierto, una tierra salada y sin habitantes.

⁷ Bendito es el hombre que confía en el Señor, cuya confianza es el Señor.

⁸ Será como árbol plantado junto al agua, que extiende sus raíces junto a la corriente; No temerá cuando venga el calor, y sus hojas estarán

verdes; En año de sequía no se angustiará ni cesará de dar fruto.

Proverbios 3:5-8

⁵ Confía en el Señor con todo tu corazón, y no te apoyes en tu propio entendimiento.

⁶ Reconócelo en todos tus caminos, y Él enderezará tus sendas.

⁷ No seas sabio a tus propios ojos; Teme (Reverencia) al Señor y apártate del mal.

⁸ Será medicina para tu cuerpo y alivio para tus huesos.

- ¿Qué aprendiste acerca de la persona en Jeremías 17:7-8 y de la ilustración del árbol? ¿Cómo se aplica esto a nuestras vidas?

- ¿Cuáles son algunas maneras en que "viene el calor" (Jeremías 17:8) en nuestras vidas?

- Ahora, ¿qué aprendiste al marcar *tu* en Proverbios 3?

- ¿Cómo se ve el temor del Señor en estos versículos?

- ¿Qué ideas prácticas te dan estos versículos acerca de *cómo* se teme al Señor?

- ¿Qué beneficios, si alguno, vienen del temor del Señor?

OBSERVA

David, cuando fue atrapado por su enemigo Abimelec, fingió locura y fue liberado. Después escribió el Salmo 34. Cuando enfrentes los temores de la vida, encontrarás que sus palabras te traerán alivio y seguridad. Veamos qué podemos aprender de este pasaje ahora.

Líder: Lee Salmos 34:4-19 en voz alta – lentamente. Pide al grupo que...
- Subraye cada referencia **al salmista** y **la persona que se refugia en el Señor**, como *me*, *mis*, *los*, *sus*, *santos*.
- Dibuje un círculo irregular alrededor de cada referencia al **temor**.

DISCUTE

Líder: Lee el salmo un segmento a la vez. Notarás que algunos números de versículo están subrayados. Esto es para ayudarte a dividir el salmo en secciones para su discusión. Para cada segmento discute lo siguiente:

Salmos 34:4-19

⁴ Busqué al Señor, y Él me respondió, y me libró de todos mis temores.

⁵ Los que a Él miraron, fueron iluminados; Sus rostros jamás serán avergonzados.

⁶ Este pobre clamó, y el Señor le oyó, y lo salvó de todas sus angustias.

⁷ El ángel del Señor acampa alrededor de los que Le temen, y los rescata.

⁸ Prueben y vean que el Señor es bueno. ¡Cuán bienaventurado es el hombre que en Él se refugia!

⁹ Teman al Señor, ustedes Sus santos, pues nada les

falta a aquéllos que Le temen.

¹⁰ Los leoncillos pasan necesidad y tienen hambre, pero los que buscan al Señor no carecerán de bien alguno.

¹¹ Vengan, hijos, escúchenme; Les enseñaré el temor del Señor.

¹² ¿Quién es el hombre que desea vida y quiere muchos días para ver el bien?

¹³ Guarda tu lengua del mal y tus labios de hablar engaño.

¹⁴ Apártate del mal y haz el bien, Busca la paz y síguela.

- ¿Qué aprendiste en estos versículos en particular acerca de los que buscan al Señor, que claman a Él? ¿qué hicieron o qué se les instruye hacer?

- ¿Cómo responde Dios?

Sexta Semana | 93

Líder: *Después de haber cubierto las preguntas anteriores para todos los segmentos, discute estas preguntas adicionales acerca del versículo 19:*

- ¿Qué observaste en el versículo 19?

- ¿Qué te dice esto acerca de los temores de la vida? ¿Hay algún consuelo aquí? Explica tu respuesta.

[15] Los ojos del Señor están sobre los justos, y Sus oídos atentos a su clamor.

[16] El rostro del SEÑOR está contra los que hacen mal, para cortar de la tierra su memoria.

[17] Claman los justos, y el SEÑOR los oye y los libra de todas sus angustias.

[18] Cercano está el SEÑOR a los quebrantados de corazón, y salva a los abatidos de espíritu.

[19] Muchas son las aflicciones del justo, pero de todas ellas lo libra el SEÑOR.

Isaías 41:10

No temas, porque Yo estoy contigo; No te desalientes, porque Yo soy tu Dios. Te fortaleceré, ciertamente te ayudaré, sí, te sostendré con la diestra de Mi justicia.

Malaquías 3:16-4:3

¹⁶ Entonces los que temían (reverenciaban) al SEÑOR se hablaron unos a otros, y el SEÑOR prestó atención y escuchó, y fue escrito delante de Él un libro memorial para los que temen (reverencian) al SEÑOR y para los que estiman Su nombre.

¹⁷ "Y ellos serán Míos," dice el SEÑOR de los ejércitos "el día en que Yo prepare Mi tesoro

OBSERVA

Pero, ¿cuál es tu responsabilidad? ¿Qué debes hacer cuando enfrentas las dificultades, pruebas y tribulaciones de la vida? ¿Cómo responderá Dios?

Líder: Lee Isaías 41:10 y Malaquías 3:16-4:3 en voz alta. Pide al grupo que…
- *Dibuje un círculo irregular sobre las palabras **temas** y **desalientes**.*
- *Subraye cada referencia a **los que Dios está hablando** y **los que temen al Señor**. Observa cuidadosamente los pronombres.*

DISCUTE

- ¿Cuáles fueron las instrucciones de Dios a Su pueblo en Isaías 41:10? ¿Qué razón dio Él?

Sexta Semana | 95

- ¿Cómo la promesa en Isaías 41:10 te ayudaría con los temores de la vida?

- Además de practicarlo, ¿cómo podrías utilizar este versículo para ayudar a otros cuando atraviesan dificultades?

- ¿Qué aprendiste en Malaquías al marcar las referencias a los que temen al Señor y estiman Su nombre?

- ¿Qué crees que significa estimar el nombre del Señor? ¿Tendría alguna conexión con temer al Señor? Explica tu respuesta.

especial, y los perdonaré como un hombre perdona al hijo que le sirve."

[18] Entonces volverán a distinguir entre el justo y el impío, entre el que sirve a Dios y el que no Le sirve.

[4:1] "Porque viene el día, ardiente como un horno, y todos los soberbios y todos los que hacen el mal serán como paja; y el día que va a venir les prenderá fuego," dice el Señor de los ejércitos "que no les dejará ni raíz ni rama.

[2] Pero para ustedes que temen (reverencian) Mi nombre, se levantará el sol de justicia con la salud en sus alas; y saldrán y

saltarán como terneros del establo.

³ Y ustedes pisotearán a los impíos, pues ellos serán ceniza bajo las plantas de sus pies el día en que Yo actúe," dice el Señor de los ejércitos.

- Malaquías, el último libro del Antiguo Testamento, es un libro post-exílico, lo que significa que fue escrito después que Israel fue liberado del cautiverio. ¿Qué observación obtienes de estos versículos para el futuro? ¿Cuáles son los planes y promesas de Dios para Su pueblo?

Eclesiastés 12:13-14

¹³ La conclusión, cuando todo se ha oído, es ésta: Teme a Dios y guarda Sus mandamientos, Porque esto concierne a toda persona.

¹⁴ Porque Dios traerá toda obra a juicio, Junto con todo lo oculto, Sea bueno o sea malo.

OBSERVA

Así que, ¿cuál es el punto central de todo lo que has aprendido en este estudio?

Líder: Lee Eclesiastés 12:13-14 en voz alta con el grupo. Luego pide al grupo que…
- *Dibuje un triángulo sobre cada referencia a **Dios**.*
- *Dibuje un círculo irregular alrededor de la frase **teme a Dios**.*

DISCUTE
- ¿Quién debe temer a Dios y guardar Sus mandamientos?

- ¿Por qué?

- ¿Qué crees que pasaría en tu país si la gente empezara a entender todo lo que has aprendido acerca del temor del Señor? ¿Qué áreas de tinieblas podría despejar?

- Cuando ves a tu sociedad, ¿realmente piensas que la gente necesita temer a Dios, conocerlo para que puedan alcanzar el potencial para el que Dios los creó – y conocer Su paz?

- Si temes a Dios, ¿cuál es tu responsabilidad en esto? Ora para que Dios te lleve a alguien que necesita escuchar lo que has aprendido acerca del temor del Señor.

FINALIZANDO

La Biblia nos dice que "por la palabra del Señor fueron hechos los cielos, y todo su ejército por el aliento de Su boca. Porque Él habló y fue hecho; Él mandó y todo se confirmó" (Salmos 33:6,9). Por tanto, "tema al Señor toda la tierra; tiemblen en Su presencia todos los habitantes del mundo" (Salmos 33:8).

Pero no lo hacen, ¿no es así?

Y porque la gente no conoce o teme a su Creador, porque no honran a Dios como Dios, hay conflicto en la faz de la tierra. El rechazo continuo de la evidencia y conocimiento de Dios lleva a la humanidad cada vez a más tinieblas. Con las tinieblas, el temor se intensifica.

Las tinieblas son la matriz donde nace el temor. Sin embargo en Dios no hay oscuridad en absoluto; Dios es luz. Y Dios es amor. Y debido al gran amor con el que Dios nos ama, Dios da Su Hijo al hombre, la Palabra encarnada, la luz de vida para que podamos ver por nosotros mismos lo que significa el temor del Señor.

Isaías lo escribió, Jesús lo cumplió: "Y reposará sobre Él el Espíritu del Señor, Espíritu de sabiduría y de inteligencia, Espíritu de consejo y de poder, Espíritu de conocimiento y de temor del Señor. Él se deleitará en el temor del Señor" (11:2-3a).

Caminar en el temor del Señor es vivir como Jesús vivió, haciendo nada en nuestra propia iniciativa, obedeciendo las palabras de Dios, haciendo Sus obras. Temer al Señor, confiar en Él. Respetarlo, creyendo que Dios es quien dice que es y que Él hará lo que Él dice que hará. Recuerda lo que leímos en Isaías 50:10: "¿Quién hay entre ustedes que tema al Señor, que oiga la voz de Su siervo, que ande en tinieblas y no tenga luz? Confíe en el nombre del Señor y apóyese en su Dios".

Has visto por ti mismo que el temor del Señor es el principio del conocimiento y la sabiduría. Nos libera del poder de todos los otros temores y nos abre el camino al éxito, así como Dios prometió a Josué. El éxito viene haciéndote fuerte y valiente para que el temor del Señor te impida desviarte a derecha o a izquierda; en vez de eso te mantiene firme en el camino angosto que lleva a la vida eterna. El temor del Señor viene de aprender la Palabra de Dios, meditar en ella y dejando que entre tan profundo en la fibra de tu ser que te sientes impulsado a vivir por ella. Es el temor que causa que hagas todo lo que Él manda:

Los preceptos del Señor son rectos, que alegran el corazón;
El mandamiento del Señor es puro, que alumbra los ojos.
El temor del Señor es limpio, que permanece para siempre;
Los juicios del Señor son verdaderos, todos ellos justos;
Deseables más que el oro; sí, más que mucho oro fino,
Más dulces que la miel y que el destilar del panal.
Además, Tu siervo es amonestado por ellos;
En guardarlos hay gran recompensa (Salmos 19:8-11).

Aquí está la respuesta para liberarte de los temores que te mantienen sometido: "Los secretos del Señor son para los que Le temen" (Salmos 25:14).

¡Este es el temor que vence todo temor!

ESTUDIOS BÍBLICOS INDUCTIVOS DE 40 MINUTOS

Esta singular serie de estudios bíblicos del equipo de enseñanza de Ministerios Precepto Internacional, aborda temas con los que luchan las mentes investigadoras; y lo hace en breves lecciones muy fáciles de entender e ideales para reuniones de grupos pequeños. Estos cursos de estudio bíblico, de la serie 40 minutos, pueden realizarse siguiendo cualquier orden. Sin embargo, a continuación te mostramos una posible secuencia a seguir:

¿Cómo Sabes que Dios es Tu Padre?

Muchos dicen: "Soy cristiano"; pero, ¿cómo pueden saber si Dios realmente es su Padre—y si el cielo será su futuro hogar? La epístola de 1 Juan fue escrita con este propósito—que tú puedas saber si realmente tienes la vida eterna. Éste es un esclarecedor estudio que te sacará de la oscuridad y abrirá tu entendimiento hacia esta importante verdad bíblica.

Cómo Tener una Relación Genuina con Dios

A quienes tengan el deseo de conocer a Dios y relacionarse con Él de forma significativa, Ministerios Precepto abre la Biblia para mostrarles el camino a la salvación. Por medio de un profundo análisis de ciertos pasajes bíblicos cruciales, este esclarecedor estudio se enfoca en dónde nos encontramos con respecto a Dios, cómo es que el pecado evita que lo conozcamos y cómo Cristo puso un puente sobre aquel abismo que existe entre los hombres y su Señor.

Ser un Discípulo: Considerando Su Verdadero Costo

Jesús llamó a Sus seguidores a ser discípulos. Pero el discipulado viene con un costo y un compromiso incluido. Este estudio da una mirada inductiva a cómo la Biblia describe al discípulo, establece las características de un seguidor de Cristo e invita a los estudiantes a aceptar Su desafío, para luego disfrutar de las eternas bendiciones del discipulado.

¿Vives lo que Dices?

Este estudio inductivo de Efesios 4 y 5, está diseñado para ayudar a los estudiantes a que vean por sí mismos, lo que Dios dice respecto al estilo de vida de un verdadero creyente en Cristo. Este estudio los capacitará para vivir de una manera digna de su llamamiento; con la meta final de desarrollar un andar diario con Dios, caracterizado por la madurez, la semejanza a Cristo y la paz.

Viviendo Una Vida de Verdadera Adoración

La adoración es uno de los temas del cristianismo peor entendidos; este estudio explora lo que la Biblia dice acerca de la adoración: ¿qué es? ¿Cuándo sucede? ¿Dónde ocurre? ¿Se basa en las emociones? ¿Se limita solamente a los domingos en la iglesia? ¿Impacta la forma en que sirves al Señor? Para éstas y más preguntas, este estudio nos ofrece respuestas bíblicas novedosas.

Descubriendo lo que Nos Espera en el Futuro

Con todo lo que está ocurriendo en el mundo, las personas no pueden evitar cuestionarse respecto a lo que nos espera en el futuro. ¿Habrá paz alguna vez en la tierra? ¿Cuánto tiempo vivirá el mundo bajo la amenaza del terrorismo? ¿Hay un horizonte con un solo gobernante mundial? Esta fácil guía de estudio conduce a los lectores a través del importante libro de Daniel; libro en el que se establece el plan de Dios para el futuro.

Cómo Tomar Decisiones Que No Lamentarás

Cada día nos enfrentamos a innumerables decisiones y algunas de ellas pueden cambiar el curso de nuestras vidas para siempre. Entonces, ¿a dónde acudes en busca de dirección? ¿Qué debemos hacer cuando nos enfrentamos a una tentación? Este breve estudio te brindará una práctica y valiosa guía, al explorar el papel que tiene la Escritura y el Espíritu Santo en nuestra toma de decisiones.

Dinero y Posesiones: La Búsqueda del Contentamiento

Nuestra actitud hacia el dinero y las posesiones reflejará la calidad de nuestra relación con Dios. Y, de acuerdo con las Escrituras, nuestra visión del dinero nos muestra dónde está descansando nuestro verdadero amor. En este estudio, los lectores escudriñarán las Escrituras para aprender de dónde proviene el dinero, cómo se supone que debemos manejarlo y cómo vivir una vida abundante, sin importar su actual situación financiera.

Cómo puede un Hombre Controlar Sus Pensamientos, Deseos y Pasiones

Este estudio capacita a los hombres con la poderosa verdad de que Dios ha provisto todo lo necesario para resistir la tentación; y lo hace, a través de ejemplos de hombres en las Escrituras, algunos de los cuales cayeron en pecado y otros que se mantuvieron firmes. Aprende cómo escoger el camino de pureza, para tener la plena confianza de que, a través del poder del Espíritu Santo y la Palabra de Dios, podrás estar algún día puro e irreprensible delante de Dios.

Viviendo Victoriosamente en Tiempos de Dificultad

Vivimos en un mundo decadente, poblado por gente sin rumbo y no podemos escaparnos de la adversidad y el dolor. Sin embargo, y por alguna razón, los difíciles tiempos que se viven actualmente son parte del plan de Dios y sirven para Sus propósitos. Este valioso estudio ayuda a los lectores a descubrir cómo glorificar a Dios en medio del dolor; al tiempo que aprenden cómo encontrar gozo aún cuando la vida parezca injusta y a conocer la paz que viene al confiar en el Único que puede brindar la fuerza necesaria en medio de nuestra debilidad.

Edificando un Matrimonio que en Verdad Funcione

Dios diseñó el matrimonio para que fuera una relación satisfactoria y realizadora; creando a hombres y mujeres para que ellos—juntos y como una sola carne—pudieran reflejar Su amor por el mundo. El matrimonio, cuando es vivido como Dios lo planeó, nos completa, nos trae gozo y da a nuestras vidas un fresco significado. En este estudio, los lectores examinarán el diseño de Dios para el matrimonio y aprenderán cómo establecer y mantener el tipo de matrimonio que trae gozo duradero.

El Perdón: Rompiendo el Poder del Pasado

El perdón puede ser un concepto abrumador, sobre todo para quienes llevan consigo profundas heridas provocadas por difíciles situaciones de su pasado. En este estudio innovador, obtendrás esclarecedores conceptos del perdón de Dios para contigo, aprenderás cómo responder a aquellos que te han tratado injustamente y descubrirás cómo la decisión de perdonar rompe las cadenas del doloroso pasado y te impulsa hacia un gozoso futuro.

Elementos Básicos de la Oración Efectiva

Esta perspectiva general de la oración te guiará a una vida de oración con más fervor, a medida que aprendes lo que Dios espera de tus oraciones y qué puedes esperar de Él. Un detallado examen del Padre Nuestro y de algunos importantes principios obtenidos de ejemplos de oraciones a través de la Biblia, te desafiarán a un mayor entendimiento de la voluntad de Dios, Sus caminos y Su amor por ti mientras experimentas lo que significa verdaderamente el acercarse a Dios en oración.

Cómo se Hace un Líder al Estilo de Dios

¿Qué espera Dios de quienes Él coloca en lugares de autoridad? ¿Qué características marcan al verdadero líder efectivo? ¿Cómo puedes ser el líder que Dios te ha llamado a ser? Encontrarás las respuestas a éstas y otras preguntas, en este poderoso estudio de cuatro importantes líderes de Israel—Elí, Samuel, Saúl y David—cuyas vidas señalan principios que necesitamos conocer como líderes en nuestros hogares, en nuestras comunidades, en nuestras iglesias y finalmente en nuestro mundo.

¿Qué Dice la Biblia Acerca del Sexo?

Nuestra cultura está saturada de sexo, pero muy pocos tienen una idea clara de lo que Dios dice acerca de este tema. En contraste a la creencia popular, Dios no se opone al sexo; únicamente, a su mal uso. Al aprender acerca de las barreras o límites que Él ha diseñado para proteger este regalo, te capacitarás para enfrentar las mentiras del mundo y aprender que Dios quiere lo mejor para ti.

Principios Clave para el Ayuno Bíblico

La disciplina espiritual del ayuno se remonta a la antigüedad. Sin embargo, el propósito y naturaleza de esta práctica a menudo es malentendida. Este vigorizante estudio explica por qué el ayuno es importante en la vida del creyente promedio, resalta principios bíblicos para el ayuno efectivo y muestra cómo esta poderosa disciplina lleva a una conexión más profunda con Dios.

Entendiendo los Dones Espirituales

¿Qué son Dones Espirituales?
El tema de los dones espirituales podría parecer complicado: ¿Quién

tiene dones espirituales – "las personas espirituales" o todo el mundo? ¿Qué son dones espirituales?

Entender los Dones Espirituales te lleva directamente a la Palabra de Dios, para descubrir las respuestas del Mismo que otorga el don. A medida que profundizas en los pasajes bíblicos acerca del diseño de Dios para cada uno de nosotros, descubrirás que los dones espirituales no son complicados – pero sí cambian vidas.

Descubrirás lo que son los dones espirituales, de dónde vienen, quiénes los tienen, cómo se reciben y cómo obran dentro de la iglesia. A medida que estudias, tendrás una nueva visión de cómo puedes usar los dones dados por Dios para traer esperanza a tu hogar, tu iglesia y a un mundo herido.

Viviendo Como que le Perteneces a Dios

¿Pueden otros ver que le perteneces a Dios?

Dios nos llama a una vida de gozo, obediencia y confianza. Él nos llama a ser diferentes de quienes nos rodean. Él nos llama a ser santos.

En este enriquecedor estudio, descubrirás que la santidad no es un estándar arbitrario dentro de la iglesia actual o un objetivo inalcanzable de perfección intachable. La santidad se trata de agradar a Dios – vivir de tal manera que sea claro que le perteneces a Él. La santidad es lo que te hace único como un creyente de Jesucristo.

Ven a explorar la belleza de vivir en santidad y ver por qué la verdadera santidad y verdadera felicidad siempre van de la mano.

Amando a Dios y a los demás

¿Qué quiere realmente Dios de ti?

Es fácil confundirse acerca de cómo agradar a Dios. Un maestro de Biblia te da una larga lista de mandatos que debes guardar. El siguiente te dice que solo la gracia importa. ¿Quién está en lo correcto?

Hace siglos, en respuesta a esta pregunta, Jesús simplificó todas las reglas y regulaciones de la Ley en dos grandes mandamientos: amar a Dios y a tu prójimo.

Amar a Dios y a los demás estudia cómo estos dos mandamientos definen el corazón de la fe Cristiana. Mientras descansas en el conocimiento de lo que Dios te ha llamado a hacer, serás desafiado a vivir estos mandamientos – y descubrir cómo obedecer los simples mandatos de Jesús transformarán no solo tu vida sino también las vidas de los que te rodean.

Distracciones Fatales: Conquistando Tentaciones Destructivas

¿Está el pecado amenazando tu progreso espiritual?

Cualquier tipo de pecado puede minar la efectividad del creyente, pero ciertos pecados pueden enraizarse tanto en sus vidas - incluso sin darse cuenta - que se vuelven fatales para nuestro crecimiento espiritual. Este estudio trata con seis de los pecados "mortales" que amenazan el progreso espiritual: Orgullo, Ira, Celos, Glotonería, Pereza y Avaricia. Aprenderás cómo identificar las formas sutiles en las que estas distracciones fatales pueden invadir tu vida y estarás equipado para conquistar estas tentaciones destructivas para que puedas madurar en tu caminar con Cristo.

La Fortaleza de Conocer a Dios

Puede que sepas acerca de Dios, pero ¿realmente sabes lo que Él dice acerca de Sí mismo – y lo que Él quiere de ti?

Este estudio esclarecedor te ayudará a ganar un verdadero entendimiento del carácter de Dios y Sus caminos. Mientras descubres por ti mismo quién es Él, serás llevado hacia una relación más profunda y personal con el Dios del universo – una relación que te permitirá mostrar confiadamente Su fuerza en las circunstancias más difíciles de la vida.

Guerra Espiritual: Venciendo al Enemigo

¿Estás preparado para la batalla?
Ya sea que te des cuenta o no, vives en medio de una lucha espiritual. Tu enemigo, el diablo, es peligroso, destructivo y está determinado a alejarte de servir de manera efectiva a Dios. Para poder defenderte a ti mismo de sus ataques, necesitas conocer cómo opera el enemigo. A través de este estudio de seis semanas, obtendrás un completo conocimiento de las tácticas e insidias del enemigo. Mientras descubres la verdad acerca de Satanás – incluyendo los límites de su poder – estarás equipado a permanecer firme contra sus ataques y a desarrollar una estrategia para vivir diariamente en victoria.

Volviendo Tu Corazón Hacia Dios

Descubre lo que realmente significa ser bendecido.
En el Sermón del Monte, Jesús identificó actitudes que traen el favor de Dios: llorar sobre el pecado, demostrar mansedumbre, mostrar misericordia, cultivar la paz y más. Algunas de estas frases se han vuelto tan familiares que hemos perdido el sentido de su significado. En este poderoso estudio, obtendrás un fresco entendimiento de lo que significa alinear tu vida con las prioridades de Dios. Redescubrirás por qué la palabra bendecido significa caminar en la plenitud y satisfacción de Dios, sin importar tus circunstancias. A medida que miras de cerca el significado detrás de cada una de las Bienaventuranzas, verás cómo estas verdades dan forma a tus decisiones cada día – y te acercan más al corazón de Dios.

Acerca De Ministerios Precepto Internacional

Ministerios Precepto Internacional fue levantado por Dios para el solo propósito de establecer a las personas en la Palabra de Dios para producir reverencia a Él. Sirve como un brazo de la iglesia sin ser parte de una denominación. Dios ha permitido a Precepto alcanzar más allá de las líneas denominacionales sin comprometer las verdades de Su Palabra inerrante. Nosotros creemos que cada palabra de la Biblia fue inspirada y dada al hombre como todo lo que necesita para alcanzar la madurez y estar completamente equipado para toda buena obra de la vida. Este ministerio no busca imponer sus doctrinas en los demás, sino dirigir a las personas al Maestro mismo, Quien guía y lidera mediante Su Espíritu a la verdad a través de un estudio sistemático de Su Palabra. El ministerio produce una variedad de estudios bíblicos e imparte conferencias y Talleres Intensivos de entrenamiento diseñados para establecer a los asistentes en la Palabra a través del Estudio Bíblico Inductivo.

Jack Arthur y su esposa, Kay, fundaron Ministerios Precepto en 1970. Kay y el equipo de escritores del ministerio producen estudios **Precepto sobre Precepto,** Estudios **In & Out**, estudios de la **serie Señor**, estudios de la **Nueva serie de Estudio Inductivo**, estudios **40 Minutos** y **Estudio Inductivo de la Biblia Descubre por ti mismo para niños.** A partir de años de estudio diligente y experiencia enseñando, Kay y el equipo han desarrollado estos cursos inductivos únicos que son utilizados en cerca de 185 países en 70 idiomas.

Movilizando

Estamos movilizando un grupo de creyentes que "manejan bien la Palabra de Dios" y quieren utilizar sus dones espirituales y talentos para alcanzar 10 millones más de personas con el estudio bíblico inductivo.
Si compartes nuestra pasión por establecer a las personas en la Palabra de Dios, te invitamos a leer más. Visita **www.precept.org/Mobilize** para más información detallada.

Respondiendo Al Llamado

Ahora que has estudiado y considerado en oración las escrituras, ¿hay algo nuevo que debas creer o hacer, o te movió a hacer algún cambio en

tu vida? Es una de las muchas cosas maravillosas y sobrenaturales que resultan de estar en Su Palabra – Dios nos habla.
En Ministerios Precepto Internacional, creemos que hemos escuchado a Dios hablar acerca de nuestro rol en la Gran Comisión. Él nos ha dicho en Su Palabra que hagamos discípulos enseñando a las personas cómo estudiar Su Palabra. Planeamos alcanzar 10 millones más de personas con el Estudio Bíblico Inductivo.

Si compartes nuestra pasión por establecer a las personas en la Palabra de Dios, ¡te invitamos a que te unas a nosotros! ¿Considerarías en oración aportar mensualmente al ministerio? Si ofrendas en línea en **www.precept. org/ATC**, ahorramos gastos administrativos para que tus dólares alcancen a más gente. Si aportas mensualmente como una ofrenda mensual, menos dólares van a gastos administrativos y más van al ministerio.
Por favor ora acerca de cómo el Señor te podría guiar a responder el llamado.

Compra Con Propósito

Cuando compras libros, estudios, audio y video, por favor cómpralos de Ministerios Precepto a través de nuestra tienda en línea (**http://store.precept.org/**) o en la oficina de Precepto en tu país. Sabemos que podrías encontrar algunos de estos materiales a menor precio en tiendas con fines de lucro, pero cuando compras a través de nosotros, las ganancias apoyan el trabajo que hacemos:

• Desarrollar más estudios bíblicos inductivos
• Traducir más estudios en otros idiomas
• Apoyar los esfuerzos en 185 países
• Alcanzar millones diariamente a través de la radio y televisión
• Entrenar pastores y líderes de estudios bíblicos alrededor del mundo
• Desarrollar estudios inductivos para niños para comenzar su viaje con Dios
• Equipar a las personas de todas las edades con las habilidades es estudio bíblico que transforma vidas

Cuando compras en Precepto, ¡ayudas a establecer a las personas en la Palabra de Dios!

www.ingramcontent.com/pod-product-compliance
Lightning Source LLC
Chambersburg PA
CBHW071259040426
42444CB00009B/1785